Ⓢ新潮新書

山口謠司
YAMAGUCHI Yoji

日本語の奇跡

〈アイウエオ〉と〈いろは〉の発明

244

新潮社

父母へ——。

日本語の奇跡――〈アイウエオ〉と〈いろは〉の発明●目次

序　章　〈ひらがな〉と〈カタカナ〉

優秀な語学的センス

新聞を開く、雑誌を手に取る、テレビをつける、街を歩く。……目をやれば、ひらがな、カタカナ、漢字、ローマ字という四種類の表記で書かれた言葉が、我が国には溢れかえっている。

しかし、我々にとって表記の区別などは問題ではない。

たとえば、「トイレ」という単語がある。考えてもみてほしい。トイレを探しているとき、人は「トイレ」というカタカナ表記の文字だけを探すのではない。「お手洗い」というひらがなと漢字が混じった表記も、「便所」という漢字のみの表記も、「トイレ」

という表記と同様に、トイレを意味していると日本人は老若男女を問わず知っている。のみならず、「便所」と同じく漢字で書かれた「化粧室」や「厠《かわや》」、また「WC」や「TOILET」という外国語の表記をもトイレと認識できるのである。

トイレをあらわす表記の使い分けは、単なる語彙の問題を超えていると言えるだろう。これは、漢字、ひらがな、カタカナ、ローマ字といった世界に類をみない雑多な表記を使い分けることができる優秀な語学的センスを持っている、と言い換えてもいいかもしれない。

こうした日本人の語学的なセンスのレベルの高さは、多様な書き文字の併用だけに止《とど》まるものではない。ある内容を誰かに伝えるとき、日本人は、場面に応じた言葉の使い分けをする。話し言葉と書き言葉の区別は外国にもあるが、複雑な敬語による使い分けさえもやってのける。

さらに、一人称の多さという点を見ても、日本語のように「わたし」「わたくし」「俺」「ボク」「我が輩」「自分」「小生」「愚生」「手前」「当方」「不肖」「予」等々、遠近高下の間合いを繊細に表現するところは、世界広しといえども、日本しかないのである。

先斗町も八重洲も

「学は和漢洋を兼ねよ」という言葉がある。

我が国の歴史や文学に通じるだけでなく、中国やヨーロッパの学問などにも広く通暁《つうぎょう》しなければ、本当には日本のことは分からないということであろう。

江戸という鎖国の時代にあっても、長崎には江戸期を通じて約一万人を数えるほどのオランダ通詞《つうじ》がいて、日本人は彼らを通してヨーロッパの文化、科学を吸収し、それを自家薬籠中《じかやくろうちゅう》のものにしていた。平賀源内のエレキテル、葛飾北斎の遠近法による絵画、食べ物にしても天ぷらやカステラなど、これらはいずれも長崎という細いパイプを通して流れ込んだものである。

地名にしても古くから外国語が流入している。京都の先斗町《ぽんとちょう》はその形状にちなんでポルトガル語の「尖端《せんたん》」をあらわす「ポント」という言葉からつけられた名前だし、東京の八重洲も、徳川家康の国際情勢顧問や通訳であったオランダ人ヤン・ヨーステン・ファン・ローデンスタインの「ヤン・ヨース」が住んでいたことによるという。

世はまさに「グローバル化」が声高に言われているが、いやいや、日本という国は江戸時代でもすでに地球的な規模で文化を取り入れていたのである。

しかし、同じようなことは江戸時代に限って行われていたわけではない。古代であっても、中国や朝鮮半島にあった国々を通し、我が国はアラビア、ペルシャ、インドとも深くつながっていた。

我が国の歴史や文学を学ぶというのは、自分が拠って立つところを知るということに目的があろう。世界の最先端の知識や技術を古代からずっと受け入れながら自国の文化を創って来た日本。追って詳しく述べるが、その背景には様々な文化を受け入れ、そして咀嚼《そしゃく》することを可能にする非常に柔軟な「日本語」という言語環境があったのである。

膠着語は文明と文明をつなぐ架け橋

それでは、日本語は、どこから来た言葉なのであろうか。これまでも多くの学者が日本語の起源を求めて研究を進めているが、はっきりしたことはまだ分かっていない。

ただ、日本語は、文法的構造から、つまり基本となる語に助詞や助動詞が付属して文法的な関係を示すことから「膠着語《こうちゃくご》」と呼ばれ、トルコからモンゴル、シルクロードを通って朝鮮半島にいたるアルタイ語系に属するのではないかとされている。

世界地図を思い浮かべて頂きたい。

アメリカという新大陸は別として、西から見れば、ギリシャ語やラテン語を基本にした屈折語（語尾変化によって文法的な関係を示す言語）のヨーロッパ、言語的にはやはり屈折語に属するアラビア語の中近東、さらに、文法的例外を排除することにさえ成功したサンスクリット語など、屈折語に属する様々な言語を持つインド、そして、孤立語（屈折や膠着という方法ではなく、語の配列の順序で文法的な関係を示す言語）に属する中国語を持つ中国とつづく。これらはいずれも文明を産み出した場所である。

次に、これらに寄り添うようにして、トルコ、モンゴル、満洲、朝鮮半島、さらに東の端には太平洋に閉ざされてどこへも行けなくなってしまう日本がある。これらの国々の言葉は膠着語のアルタイ語系に属する。

ヨーロッパ、中近東、インド、中国など、文明を創り上げて来た国々の言語と、トルコ語、モンゴル語、朝鮮語、日本語といった膠着語との間で、「借用語」の比率を調べてみると、興味深いことがわかる。膠着語の文法体系を持った言語は、借用語率が非常に高いのである。

借用語とは、わかりやすく言えば、外国語の利用である。他の言語体系で使用されている単語を借り入れて、それを自国語のなかにどんどん同化させていく。日本語における「和製英語」と言われるものはこの典型である。

このような言語的特徴を持つ膠着語は、結果として、文明と文明とをつなぐ架け橋の役割を果たしてきた。

古代にあっては、たとえば中国語とヨーロッパの諸言語が直接交流することは地理的にも不可能であった。これら二つの文明を仲介するには、両方の言葉を借用しながら発達する言語が不可欠となる。歴史のなかで、オスマン・トルコやモンゴルがユーラシア大陸を西へ東へと文化を融合させながら大きくなっていったことは、彼らの言語が膠着語であったことと無関係ではないだろう。

東の端に位置する日本語は、西から押し寄せるあらゆる言語を吸収し、そしてそれを濾過《ろか》しながら貯えていった。ローマ、ペルシャ、南アジアなどから伝えられた文物を納める東大寺の正倉院はまさにその象徴である。

日本語が発達するためには、中国から渡来した漢字がなくてはならなかったが、漢字だけでは、日本語は十分にその機能を果たすことはできなかった。長い時間をかけながら、漢字から〈ひらがな〉や〈カタカナ〉が生み出される必要があったのである。

漢字という「借り物」を昇華させ、自国の文化を繊細に表現する日本語を生み出したことは、日本人の力量を示すものだと言えるだろう。

今は「あいうえお」だが

漢字から生まれた〈ひらがな〉と〈カタカナ〉は、日本語を学ぶための基本である。

現在、我々は小学校でまず〈あいうえお〉という母音から始まる五十音を習う。これによって、話し言葉が文字に変換されることを知るのである。

今、「あいうえお」と記したが、実は〈ひらがな〉で表記された五十音図ができたのは一九四七(昭和二十二)年、文部省著作教科書が発行されたのと同時で、それほど古いことではない。それ以前、五十音図は「アイウエオ」と〈カタカナ〉で書かれることが常識で、戦前、尋常小学校で習う文字は、〈ひらがな〉よりも〈カタカナ〉の方が先だった。一九三三（昭和八）年より使用された尋常小学校の国語教科書における冒頭の文が、「サイタ　サイタ　サクラガ　サイタ」であったことは、有名な話である。

では、一九四七年に〈ひらがな〉表記の五十音図ができるまで、〈カタカナ〉が日本語のメインだったかというと、そうではない。〈ひらがな〉は〈いろは〉によって覚えられ、使われていたのである。

〈いろは〉は、五十音のように子音と母音を組み合わせて作られたシステマティックなものではない。〈いろは〉は「いろは歌」とも呼ばれるように、情緒的な要素を含む七五調の歌なのである。

そして、日本語の辞書も、終章で詳しく述べるが、一八八九（明治二十二）年に大槻文彦によって『言海』という国語辞典が作られるまでは、ほとんどすべて〈いろは〉順で作られていた。たとえば、一八八八年に博文館から出版されて版を重ねた高橋五郎の『（漢英対照）いろは辞典』も、これはタイトルからもわかるように、〈アイウエオ〉順ではなく、〈いろは〉の順に言葉が並べられた和英辞典なのである。

日本語はどうやらこの両輪によって支えられていたと考えることができそうである。〈いろは〉と〈ひらがな〉が一組、そして〈アイウエオ〉と〈カタカナ〉が一組の世界、

子音と母音が整然と

ところで、一九〇四（明治三十七）年、我が国で最初に発行された国定の日本語教科書『尋常小学読本』は、「イエ」「スシ」という言葉ではじまっている。そしてこの教科書の編纂《へんさん》趣意書には「発音ノ教授ヲ出発点トシテ、児童ノ学習シ易キ片仮名ヨリ入リタリ」と記されている。

日本語教育の出発点は発音にあり、それは〈カタカナ〉によって行われるべきだという考えに基づいていたことがわかるだろう。

そして戦後は、〈あいうえお〉から習って、ある程度日本語が読めるようになる小学校の三年生あるいは四年生から、さらにこの日本語のシステムが理解しやすいローマ字表による「A・I・U・E・O」を習う。

日本語は子音と母音の組み合わせによって成り立っていて、基本的には子音で終わる

言葉はない……。このとき、先生はこうしたことを生徒に教えるであろう。

我々日本人にとって、小学生の時に習う、子音と母音の組み合わせが5×10で整然と並ぶ五十音図は、あって当然のようなものと認識されている。しかし、まったく日本語を勉強したことがない人々の目には、なんと理想的で、なんとシステマティックに発音を勉強することができる言語であるかと映るのである。

システムと情緒

五十音図は〈ひらがな〉や〈カタカナ〉だけでなく、ローマ字でも整然と書きあらわすことができる。日本語の発音を解析して作られたこの画期的な表は、後に詳しく触れるように、インドから中国、中国から日本へと仏教が伝播《でんぱ》されることによって生まれてきた。

それでは、〈いろは〉とは何のためにあったのだろうか。五十音図があれば、〈いろは〉がなくても日本人は困りはしなかったのではないだろうか。

実は、そんなことはない。

「色は匂《にほ》へど　散りぬるを　我が世誰ぞ　常ならむ　有為《うゐ》の奥山　今日《けふ》越えて　浅き夢見じ　酔《ゑ》ひもせず」

この無常観漂う「いろは歌」は歌であり、和歌に代表される歌こそ我が国固有の言語文化に不可欠の要素だからである。歌のこうした情緒は、言葉に書きあらわすことが出来ない余韻のような世界を日本人が持っていなければ、作ることも、感じることもできない。

五十音図というシステムによって、日本語の発音は基本的には習得することができる。しかし、日本という風土に根ざした情緒をシステムですべて表現することは不可能である。これは和歌が決して〈カタカナ〉では書かれないことと無関係ではない。

五十音図では、現在すでに、ワ行の「ゐ」「ゑ」が抜かれて教えられているが、もし、「いろは歌」でこれらを抜いてしまったとしたら、意味が通じなくなってしまう。

日本語の発音という面から考えても、「いろは歌」は重要である。たとえば「わたしが」という時の「が」は、こう書かれてはいても、実は「ŋa（んが）」と鼻から抜ける音として発音されるのが正統とされる。

こうした微妙なことを学ぶことができるのは、システムとしての五十音図ではなく、繊細な方法で作られた〈いろは〉だからこそである。

日本という国のシステムを司《つかさど》る〈アイウエオ〉、そして日本人の情緒や繊細さを司る〈いろは〉、その両方にまたがる「漢字」、これらはそれぞれの世界の深さと豊かさを持っており、日本語を作るに不可欠の要素だと言うことができる。

しかし、当然ながら、こうした日本語が一夜にして完成したわけではない。漢字の伝来以降、そこには先達たちのさまざまな労苦の積み重ねがあった。本書はその先達の跡を追う「日本語誕生の物語」である。

第一章　国家とは言葉である

漢字伝来の年代は誤りだが

西暦二八五年、我が国の年号でいえば応神天皇の御代十六年、百済《くだら》の王仁《わに》によって『論語』と『千字文《せんじもん》』が伝えられた。そう『古事記』には書名が、『日本書紀』には年代が記載されている。漢字と漢文の伝来である。

しかし、これは伝説である。事実ではない。なぜなら『千字文』は、それより後の中国六朝《りくちょう》、梁の時代、西暦五〇〇年頃、武帝が周興嗣《しゅうこうし》に命じて一〇〇〇の漢字を使って四字二五〇句を作らせたものだからである。

漢字伝来の時期は明らかではないが、最も古くは二世紀中頃の遺品に漢字らしきものが見られ、遅くとも五世紀頃までにはかなり伝わっていたと考えられている。

それはそれとして、『古事記』の記述は事実ではないにせよ、そうした伝説が作られたことの意味は問われる必要があるだろう。なにゆえ、我が国に一番はじめにもたらされた書物が『論語』と『千字文』であると記載されたのだろうか。

日本には古来書き文字はなかった。漢字が伝わることによって初めて、日本語は固有の、システムと情緒を書きあらわす表記方法を手に入れる。しかし、漢字の根幹には中国という世界が広く深く横たわっていた。

中国から古代の日本には何がもたらされたのか、そしてそれをどのように日本人は消化したのか。それを知ることは、日本語の誕生の解明には不可欠である。

まずはこの伝説の謎を解きつつ、言語に関し、黎明《れいめい》期の日本が中国から何を学んだのかについて考えてみたい。

『論語』と『千字文』

『論語』とは、いうまでもなく孔子の言行録で、儒教という東アジアにあっては政治のみならず人倫の規範となるものを説いた書物である。

紀元前およそ一〇〇年頃、儒教は国教とされ、以来、中国の国家および政治体制は、儒教の教えに基づいて行われることになる。

しかし、「国教」といっても、これは我々がいうキリスト教や仏教、イスラム教などの宗教とはまったく異なる。死を問わず、神を問わず、ひたすら人間関係という現実に直面する問題をいかに国家というシステムのうちに考えるかしか、儒教は問わないからである。

『論語』が書物として東アジア全体に広がっていったのは、国家のシステムとして模範とされた儒教を理解するため、孔子という聖人が何をどのように考えたかを常に追体験する必要があったからである。

我が国にあって、儒教受容の原型は、律令体制の確立者であると同時に天皇崇拝思想の完成者であった七世紀後半の天武天皇によって作られたと考えられるが、この時点では家族道徳や社会倫理などより、むしろ政治思想として取り入れられている。

一方、『千字文』は、ひと文字も重複していない漢字千文字を使って、四字句の韻文を並べたものである。

「天地玄黄　宇宙洪荒　日月盈昃《じつげつえいしょく》　辰宿列張……（天は黒く地は黄色、宇宙は広大、日月は満ちて西に傾き、星座は列なり張り巡らされる……）」

という始まりでもわかるように、これは世の中のありとあらゆる存在を漢字で書きあらわしたもので、長い間、漢字を学ぶための教科書として使われてきた。

留意すべきは、古代中国において、この『千字文』が仏教の盛んな時代に作られたということである。のみならず、『千字文』を周興嗣に作らせた梁の国王であった武帝は、非常に熱心な仏教徒であった。

『千字文』編纂のきっかけは、あくまで漢字習得のためのテキストとしてであったが、文章として組まれたものを見ると、あらゆる存在を表現するうえで、仏教と儒教の影響が色濃く反映していることがわかる。

唐時代以降、『千字文』はこの世のあらゆる存在に順番を付けたものだと受け取られるようになり、仏教の経典を書写したり、印刷したりするとき、『千字文』にある漢字の順番が書物の並べ方として使われるようになった。

つまり『千字文』は、単なる漢字習得のテキストに終わらず、儒教によって構築された宇宙全体を包括し、しかも同時にこの世を輪廻《りんね》の一片と見る仏教思想を伝えたものだと言うことができる。

『古事記』における『論語』と『千字文』の記載は誤りにしても、編纂方針として、古代日本のあり方を決定したものが漢字であることを強調し、それをこの二書で象徴させたと考えられるのである。

ちなみに、周興嗣の編集を経た『千字文』は、応神天皇の御代までは遡《さかのぼ》り得ずとも、かなり古い文献が我が国に現存する。国宝の『真草《しんそう》千字文』は、八世紀、正倉院に収められた聖武天皇ゆかりの品の目録「東大寺献物帳《けんもつちょう》」五冊のうちの一冊「国家珍宝帳」に記された「真草千字文」だと推定されている。

呉音は最も古い漢字の読み方

日本に漢字がもたらされて以来、漢字で書かれた文章を教授したのは、中国や朝鮮半島から来日した数多くの帰化人である。

このとき、帰化人たちによって、漢文を音読する際の読み方としてもたらされたのが、中国の現在の上海周辺である「呉《ご》」という地方（江南ともいう）の発音であった。

これを「呉音」という。我が国の漢字の読み方の最も古い基層がこれである。

たとえば「経」という漢字の「キョウ」という音読み、「行」という漢字の「ギョウ」という音読みなどがそれである。ちなみに、坊さんがお経で漢字の独特の読み方をするのは、当時の伝統が続いているためである。

中国は、後漢の末年に起こった「黄巾《こうきん》の乱」（一八四～一九二）でぼろぼろになり、魏・呉・蜀の三国時代を迎えたあと、南北に分裂する。いわゆる南北朝である。北方はトルコ系の鮮卑族に支配され、漢族は南方の呉の地方に追いやられてしまう。

しかし、南方の豊かな土地にあって力を蓄えた漢族は、五〇二年に梁という国を建てる。日本で、大和朝廷による統一がなされていた頃のことである。

国情が比較的安定した梁は、仏教を厚く信仰した国で、同時に漢学の上でも非常に重要な文献が纏《まと》められた。

なかでも梁の昭明太子によって編纂された『文選《もんぜん》』という書物は、古代中国の周代から梁までの優れた「賦《ふ》」（詩）、「論文」、「檄文《げきぶん》」、「尺牘《せきとく》」（書簡）、「銘」など、あらゆるスタイルの文章を集めたアンソロジーで、七二〇年に撰上された『日本書紀』を作り上げるときの種本だったとされる。

そしてもうひとつ、梁では、顧野王《こやおう》によって『玉篇《ぎょくへん》』という当時最大の漢字字書が編纂された。これは、一万六九一七の漢字を部首別に集め、それぞれの発音と意味を書いたものである。

『玉篇』は編纂されてから長い間、中国のみならず我が国でも必須の漢字の字書だったようで、奈良時代から鎌倉時代に書かれた律令制度を解説した文献や仏教経典を読解した文献の注釈には、メモのような形で数多くこの書が引用されている。

聖徳太子の時代になると

話を少し戻そう。『論語』と『千字文』が伝来したとされる時代に在位した応神天皇には、菟道稚郎子《うじのわきいらつこ》という皇子があった。彼は応神天皇の寵愛《ちょうあい》を受け、世継ぎとして皇太子に立てられたものの、異母兄の大鷦鷯尊《おおさざきのみこと》（後の仁徳天皇）に皇位を譲るべく自らの命を絶ったという美談で知られる人である。

彼は、百済から来朝した王仁と阿直岐《あちき》に師事して、数年で漢文に通暁したと伝えられる。

『日本書紀』応神天皇の二十八年秋九月の項によれば、彼は高麗王から差し出された上表文、つまり挨拶文に記されていた「高麗王が日本国に教える」という一節に対して、上表文としては礼を失していると激怒し、これを破棄し、高麗に抗議したと記されている。

漢字が伝来して以降、日本人は乾いたスポンジが水を吸うように、漢字や漢文の技術を習得していったと思われる。

『宋書』の「倭国伝」には、四七八年に「倭国の王」である「武」が、宋の皇帝に「窃《ひそか》に自ら開府儀同三司《ぎどうさんし》を仮し……」と漢文による正式な上表文を送ったことが記録されている。文中の「三司」とは中国古代の官名で、後に「三公」と呼ばれるが、政府の最高位に位置する三つの官職、太尉《たいい》・司空《しくう》・司徒《しと》を指す。

ところが、それから約百三十年後、聖徳太子の命を受けて使節として隋に派遣された小野妹子《おののいもこ》は、隋の皇帝・煬帝《ようだい》が憤怒したことで有名な「日出づる処《ところ》の天子、書を日没する処の天子に致《いた》す。恙《つつが》なきや」という国書を携えて海を渡ることとなる。煬帝の怒りを買った理由は、「日出」と「日没」にあるともいわれるが、なによりも中国の上表文からすると、正式なスタイルではなかったからである。

菟道稚郎子が、もしこの妹子の側《そば》にいたら、破って棄ててしまったに違いない。しかし、翻って考えれば、これは聖徳太子の時代になると、日本語的な表現が書き言葉のうえにも芽生えはじめていたということの証左でもあろう。

『十七条憲法』から『大宝律令』へ

日本的な発想で書かれた漢文は、本格的な漢文を学んだ人からすれば、「和臭《わしゅう》」があると言って嫌われる。たしかに「和臭」とは、漢文の日本式アレンジである。しかし、「和臭」の有無にかかわらず、日本人は中国、朝鮮半島との交流が始まった古代からずっと、第二次世界大戦が終わるまで、漢文ないし漢文訓読体を公文書の書式として使ってきた。

現在残っている、日本式の漢文の先駆けとなって流布した最も有名なものは、六〇四年に書かれた聖徳太子による『十七条憲法』であろう。

『十七条憲法』は、貴族や官僚に対して道徳的な規範を示したもので、儒教と仏教の思想が習合されたものである。先に『論語』と『千字文』が持つ思想的な背景について述べたが、『十七条憲法』はまさしく『論語』と『千字文』に代表される中国六朝時代の思想を反映し、しかも日本的な咀嚼《そしゃく》がなされているのである。

現在、『十七条憲法』は「じゅうしちじょうのけんぽう」と読まれているが、『日本書紀』では「いつくしきのりとをあまりななをち」と訓《よ》まれている。「いつくしきのり」を現代語に訳せば、「美しい詔《みことのり》」となるが、これは、「憲法」という漢字を、漢字の音ではなく、日本語として読んだときの言葉である。

『十七条憲法』は、中国から「書き言葉」として伝来した漢文を日本的にアレンジしただけではなかった。漢字を通してもたらされた儒教と仏教の思想を、日本人が理解しやすいようなかたちで埋め込んである。これを可能にした聖徳太子は、十人の話を同時に聞くことができたという伝説のとおり、ずば抜けた天才だったのであろう。

『十七条憲法』が著されたころの東アジアの国際情勢は緊迫していた。六一八年、中国では隋が唐によって滅ぼされ、政権が交代する。七世紀の後半には、朝鮮半島にあった百済、高句麗《こうくり》、新羅《しらぎ》が、新羅によって統一される。

いわば開戦間近という情勢を海の向こうに見据えて制定された『十七条憲法』は、中央集権化を進めることで政権を安定させ、さらに、国家としての独立を保とうとする意味でも重要であった。

中央集権化という国家戦略は、聖徳太子による『十七条憲法』制定を端緒とし、六四五（大化元）年に起こった大化改新というクーデターによって、安定した政権運営へとつながっていく。政権の交代や遷都が度重なっても、政権を握った者たちは、たとえば『近江令』『飛鳥浄御原令《あすかきよみはらりょう》』を制定するなど、聖徳太子が作り上げたシステムを踏襲している。

もちろんこのシステムは、中国を統一した唐、朝鮮半島を統一した新羅が行った統治制度を参照しつつ、国家づくりの基盤として推し進められていったのである。

その結実が、七〇一（大宝元）年の『大宝律令』の完成であろう。これは、『十七条憲法』の延長線上にあって、かつまた、国内外に日本という国の体制を知らしめた非常に重要な公文書であった。

その後、我が国では『古事記』『日本書紀』『万葉集』などが編纂され、政治的にも文学的にも非常に日本的なものが生み出されていくことになる。

大伴家持は和歌も漢文も

『大宝律令』によって律令制度という国家体制を決定し、統一した独立国家として成り立った日本がより完全な独立国家としてあるためには、一層の細かな国際情勢の情報収集が必要となる。さらにそれらの情報を踏まえた内政における新しい制度施行も重要な課題となってくる。ちなみに、奈良時代のそうした国内外の情勢を知る上で、東大寺に伝わる「正倉院文書」、京都東寺（教王護国寺）に伝わる「百合文書《ひゃくごう》」は貴重な文献である。

これらの文書が書かれていた奈良時代末期、『万葉集』の編纂に関わった大伴家持《おおとものやかもち》が亡くなっている。この時代の日本語がどのような段階にあったのか、それをまさに物語るのがこの人物なのである。

家持は『万葉集』に全体の歌の一割を越える四七三首が取られているほどの歌人として知られているが、祖父安麻呂、父旅人と同じく政治家でもあった。

橘諸兄《もろえ》の子、奈良麻呂が藤原宿奈麻呂《すくなまろ》・石上宅嗣《いそのかみのやかつぐ》・佐伯今毛人《さえきのいまえみし》の三人とともに企てた藤原仲麻呂（恵美押勝《えみのおしかつ》）暗殺計画、いわゆる「橘奈良麻呂の変」だけではなく、家持が没した直後に起こった藤原種継の暗殺事件にも家持は関与していたとされて、官位を剝奪され埋葬も許されなかった。こうしたことは、彼がいかに政治家としての一面を持っていたかを示すものであろう。

しかし、一方で家持は、次のような熱い恋の歌を数多く作っている。

片思ひを　馬にふつまに　負ほせもて　越辺にやらば　人かたはむかも

（巻十八、四〇八一）

大意は「私のこの片思いを馬にどっさり背負わせて、越の国へ送ってしまったら、どなたか半分でも担って下さるのでしょうか」。「ふつま」には「全部」という意味と、「太った馬」という意味がある。また「かたはむ」も、「心を寄せて親しむ」と「かどわかす」という意味がある。つまり当時の言葉遊びであるが、その表現には恋愛の情がこまやかに描かれていると言えるであろう。

彼は政治的な人間として漢文の教養を広く持ち、同時に先の歌だけではなく、万葉集の中では笠女郎《かさのいらつめ》との恋の歌のやりとりもするなど、日本語ならではの言葉遊びを繰り広げる。

つまり、中国からもたらされた漢字を使って、日本人はこの奈良時代までに、心の襞《ひだ》をも十分にあらわし得るような日本語の表現を作りだすことに成功していたのである。

顔氏一族の業績

日本が国家としての整備を行いはじめた時代、模範とした大帝国の唐は、「言語」を中核にして作られていたといっても過言ではない。中国における漢字の歴史を見れば、それは明らかだろう。

言語に対する深い考察は、すでに梁代から隋代の思想家、顔之推《がんしすい》が、子々孫々に対する訓戒を記した『顔氏家訓』に始まっている。『顔氏家訓』は、唐代以降作られるようになる多くの「家訓」の基礎となった書物である。

儒教では、家を守ることはすなわち国家を安泰に導くための最も重要な要素であるとして、漢代以降これを「孝」という言葉で表現した。

顔之推はこの「孝」の思想を「家訓」という方法で子孫に示したのである。そして特に顔之推の専門であった言語に関する思想は、唐代に生きた子孫に、言語を正確に使うという思想を深く教えることになる。

たとえば、顔之推の孫、顔師古《しこ》は、『漢書』の注釈をしたことで有名であるが、彼は儒教の経典である『五経』やその他の書物で誤読される部分を訂正するために、それぞれの言葉の意味や発音を、俗解と正統な解釈とを対照させて論じた『匡謬正俗《きょうびゅうせいぞく》』という本を作っている。さらに彼は、唐の太宗の勅命で、それまで様々な解釈が行われてきた『五経』の注釈をまとめて、唐の思想的基盤をつくる『五経正義』を孔穎達《くえいたつ》（「くようだつ」とも）とともに編纂した。その際に行われたのが、文字の書き方の統一であった。

『顔氏字様』という書物によってそれを成したとされるが、残念なことに現在は残っていない。

ついで、顔師古の弟の孫である顔元孫《げんそん》は、様々な職業ごとにそれぞれ通用している字体を並べつつ、「科挙に合格して官僚となった際にはこのような形の文字を書くべし」と字体を定め、『干禄字書《かんろくじしょ》』としてまとめている。ちなみに、同書は顔元孫の甥《おい》であり、書家として有名な顔真卿《しんけい》の筆によるものである。

『顔氏家訓』を書き残した顔之推の業績は、今も中国語の音韻学的な研究を行う上では決して欠かせない『切韻《せついん》』という書物で知ることができる。

これは、後に詳しく述べるように、「反切《はんせつ》」という方法によって漢字の発音を示したもので、六〇一年に作られている。小野妹子が、聖徳太子の命で隋に派遣されるわずか六年前のことであった。

隋から唐における、顔氏一族によるこうした言語に対する研究は、唐という大帝国を維持するための礎《いしずえ》となったとも言えるであろう。

国家にとって、言語がいかに重要か。言葉を換えれば、国家とは言葉なのである。やがてこの思想は遣隋使、遣唐使を通して日本にもたらされることになる。

日本では漢字から万葉仮名が生まれ、さらには〈カタカナ〉と〈ひらがな〉へと発展して、日本という国家を支えていくわけだが、そこに話を進める前に、日本語の歴史にとって、漢字と並んで重要な要素であるサンスクリット語について、少し触れておきたい。

第二章　淵源としてのサンスクリット語

表音記号と表意記号

日本語の誕生を考えるうえで、中国だけではなく、インド、すなわちサンスクリット語を抜きにすることはできない。仏教の流れを無視して日本語の歴史を語ることはできない、と言い換えてもいいだろう。

奈良時代、日本の中心となった平城京では、六つの仏教の宗派が栄えた。合わせて南《な》都《と》六宗と呼ばれるが、六宗とは、法相《ほっそう》宗、三論宗、倶舎《くしゃ》宗、成実《じょうじつ》宗、華厳《けごん》宗、律宗で、その中心となったのは南都七大寺、すなわち東大寺、興福寺、大安寺《だいあんじ》、薬師寺、西大寺、法隆寺、元興寺《がんごうじ》である。これらの宗派は、むろん直接的には中国に淵源する。

だが、仏教はインドで生まれたものである。そしてシルクロードを経て中国に伝えられた。それは紀元一世紀、後漢の時代とされる。日本では、倭奴国王《わのなのこくおう》が光武帝から金印を拝受したとされる頃のことである。

仏教は無数の経典となってインドから中国に入ったが、当時の仏教経典は、現在インドで使われているヒンディー語のもとになったサンスクリット語で記されていた。

ここでサンスクリット語と中国語の違いを簡単に説明しておこう。

サンスクリット語は、インド・ヨーロッパ語族と呼ばれる言語カテゴリーに属し、表記の方法は、アルファベットによるローマ字表記と同じく、表音式になっている。

これに対し、中国語は単音節の言語で、言語学的に分析すると、頭子音＋介音＋核母音＋韻尾というかたちに分解されるが、この発音は決して書かれる漢字の表面には現れない。つまり、表意式である。

もちろん、当時の中国人がサンスクリット語を読めたわけではない。だが、後漢が滅び、魏・呉・蜀の三国時代を経て西晋による統一がなされた頃には、仏教は中国全土に広まっていた。サンスクリット語で書かれた経典が次第に漢語に訳されていったからである。

　この「漢訳」の作業を行った重要な人物としては、紀元四〜五世紀、中国に東晋と五胡十六国が起こり、南北に分かれた時代、中国西北にあるタクラマカン砂漠の北部に位置する亀茲《きじ》国に生まれた鳩摩羅什《くまらじゅう》、その弟子で中国浄土教の祖師の一人として知られる慧遠《えおん》などが有名である。

　鳩摩羅什は『摩訶《まか》般若《はんにゃ》波羅《はら》蜜多《みった》経』『妙法蓮華経』『維摩《ゆいま》経』『大智度論《だいちどろん》』を訳し、慧遠は師の鳩摩羅什について『大智度論抄』『十誦律』などの翻訳を行っている。

　仏教史では、七世紀に興った唐の時代の高僧、玄奘三蔵《げんじょうさんぞう》によって新しく訳された「新訳」と呼ばれる仏教経典に対して、これらは「旧訳《くやく》」と称されるが、日本にまず輸入されたのは「旧訳」の仏教経典であった。

　すでに述べたことであるが、当時の我が国にとって、中国からもたらされた仏教は、個人を救済するための宗教というよりはむしろ、人心を掌握し堅固な国家体制を作るための思想として考えられていた。

鳩摩羅什はバイリンガル

聖徳太子の時代に日本にもたらされた仏教経典は、紀元四～五世紀にサンスクリット語から中国語に訳されたその「旧訳」であった。

翻訳をする時、人はふつう辞書を机上に置く。そう考えれば、サンスクリット語と中国語を二つ並べて記した辞書があってもおかしくはないはずである。……しかし、今のところ、そうしたものは見つかっていない。

どうしてなのだろうか。

実は、これらのサンスクリット語から中国語への漢訳はバイリンガルな人々によってなされたのである。彼らには辞書は必要ではなかった。

鳩摩羅什や慧遠にしても、いずれもシルクロードの中継地に住んでいた。中国西北のゴビ、タクラマカン砂漠周辺に住む人々はトルコ系の言葉を使うウイグル人である。

序章で述べたように、膠着語であるトルコ語は借用語を多く使用する言語である。国境もなく、地続きの地に住むこれらの人々にとって、言語の習得は、まるで飯を平らげるように簡単だったと思われる。実際、今でもこの地方の人々は、ウイグル語はもちろん、中国語、モンゴル語など、複数の言語を話す人も多い。

そんなトルコ・ウイグル系の民族は、サンスクリット語で書かれた仏教経典をどのように漢訳していったのか。それは次のような方法であった。

たとえば、「摩訶般若波羅蜜多」という言葉がある。これは全体でひとつの言葉ではない。以下のように区切られて、それぞれ意味を持っているのである。


マカ（摩訶）＝偉大な、すべての、一切を救済する。

パーニャ（般若）＝絶対神の、完全な、最高の叡智の。

パーラ（波羅）＝無限の、無数無量の、すべてを尽くした。

ミータ（蜜多）＝絶対神の全徳、絶対神のすべての働き、絶対神の祈り、創造。


いずれもそれぞれの意味を持つサンスクリット語であった。

「摩訶般若波羅蜜多」を漢語で意訳してしまっては、かえって本来の意味を損ねてしまうと考えたのであろう。彼らはサンスクリット語の音にそのまま漢字を当てはめて、訳に代えた。

万葉仮名については次の章で述べるが、先に引用した大伴家持の歌にある「片思ひ」は「可多於毛比」、「馬」は「宇万」と『万葉集』には書かれている。こうした宛字による表記の方法は、実はサンスクリット語が漢語へと写されるのとまったく同じ方式だったのである。

中国が政治制度や倫理という点において古代の我が国に大きな影響を与えたことは言うまでもない。しかし、言語においても、日本人は仏教経典を通して、漢語の持つ表意性とサンスクリット語の持つ表音性とを柔軟に使いこなす技術を学び、「日本語による国家」を作る道を歩み始めるのである。

第三章　万葉仮名の独創性

漢字の音を漢字で示すには

英語はアルファベットを組み合せた単語によって文が作られ、それぞれの単語の読みは、基本的にはアルファベットの発音である。また、日本語は〈ひらがな〉や〈カタカナ〉といった表音を主体にした文字を持っている。

しかし中国語、つまり漢字は、文字によって物や事象や内容を意味として直接あらわすことはできても、音をそのままあらわすことはできない。漢字は音を直接あらわすアルファベットのような表音文字ではなく、意味を示す表意文字である。

中国には、表記手段としては漢字しかない。では、漢字で漢字の音をどのようにして示すのか。

漢字の音を漢字で説明する方法が発明されたのは、六世紀前半、梁が興る少し前であった。この方法は仏教経典をサンスクリット語から中国語に訳す作業に関わった人たちによって考案されたものと思われる。

わかりやすく説明すれば、次のようなものである。

中国での漢字の読みは単音節で、たとえば「東」という文字の読みを日本語で表記する場合「トウ」となるが、これをローマ字で表記した場合、「ｔｏｕ」という二音節ではなく、「ｔｏ」と書かれることになる。

中国語にもしローマ字のような表音記号があれば「ｔｏ」で事足りるが、しかし漢字を使わざるを得ない。

そこで「東」は「徳紅反」というふうに書いて、「ｔｏ」という発音を示した。「徳紅反」の「反」は「かえし」と日本語では読まれるが、「翻」もしくは「切」とも書かれ、「上の二つの漢字を合わせて発音を示す」ことをあらわす。つまり、「東」という漢字は「徳」と「紅」の二字で発音がわかるということなのである。

さて、それでは「徳」と「紅」の二字を使って、どうやって「東」の「ｔｏ」という発音を示すのか。

「徳」を当時の中国語の発音に応じてローマ字で書くと、「ｔｏｋｕ」の二音節ではなく「ｔｏｋ」となる。同じく「紅」は「ｋｏｕ」ではなく「ｋｏ」と表記される。「徳」と「紅」のそれぞれの発音は「ｔｏｋ」と「ｋｏ」である。ここで、上の字は頭の子音だけを取り、下の漢字は母音だけを取る。つまり、それぞれ二つの漢字の発音の半分ずつを使うのである。すると「ｔ＋ｏ」となり、「ｔｏ」という「東」の発音が取り出せる！

こうしたシステムによって、中国人は、漢字を使って漢字の発音を表すことを可能としたのである。

この発音表記の方法は、「反切法《はんせつ》」といわれるが、第一章で触れた顧野王の漢字字書『玉篇』には、なかに納められた一万六九一七字のすべてにおいて、「反切法」による「漢字を用いた漢字の発音の仕方」が示されていたのであった。

漢文風に読んでしまうと

この『玉篇』は、日本人にとって、漢字学習のためには不可欠のものであった。しかも、「反切法」は、漢字を意味に関係なく宛字として使うため、サンスクリット語を読めるようにもなる。

すでに触れたように、これは日本人が漢字を宛字として使った万葉仮名と同じ仕組みなのである。この点において、日本においても『玉篇』という字書が持つ意味は大きかったといえる。

『万葉集』に収められた歌は、「万葉仮名」と呼ばれる宛字法によって書かれているが、この万葉仮名は飛鳥、奈良をまたぐ時代に成立したと考えられる。

たとえば、柿本人麻呂の歌を万葉仮名で示せば次のようになる。

小竹之葉者　三山毛清尓　乱友　吾者妹思　別来礼婆（巻二、一三三）

これを〈ひらがな〉にすると以下のとおりとなる。

ささのはは　みやまもさやに　さやげども　われはいもおもふ　わかれきぬれば

大意は「笹の葉に風が吹き、山中はざわめきたっているが、私は一途に妻を思うことだよ。まさに別れてきたばかりなのだから」というようなものだが、〈ひらがな〉で書けば、なんとなく意味が受け取れるのではなかろうか。

つまり、我々が今日使うのとほぼ変わらない日本語が、この歌の作者の頭の中にあったのである。

もちろん、宛字として使われた漢字を中国語として解釈したら、意味はまったくわからなくなる。試しに漢文風に読んでみると、以下のようになるであろう。

「小竹の葉なるものは、三山の毛のごとく清きのみ。乱友、吾は妹のごとく思い、別れ来たりて婆に礼す」

なにを表現したいのか、それさえもわからなくなってしまった……。

「ささ」は「つぁつぁ」

万葉仮名を現在我々が使っているひらがなに置き換えると、「ささのはは　みやまもさやに　さやげども　われはいもおもふ　わかれきぬれば」という表記になった。

だが、ここでの置き換えは、あくまで現代に通じる表記への置き換えである。〈ひらがな〉は、文字に対応する発音を覚えれば、基本的には、一文字一文字、覚えたとおりに発音することによって、書き言葉を読むことができる。また逆に、話し言葉を書き言葉にする場合は、発音に対応する文字を表記すればよい。

しかし、どんな言語でも、発音は時代とともに変化する。日本語も万葉の時代と現代とでは、かなり異なるものであった。この点については後でまた詳しく述べるが、人麻呂の歌も、実は当時、だいたい次のように発音されていたのである。

「つぁつぁのふぁふぁ　みやまもつぁやに　つぁやげども　うぁれふぁいもおもふぅ　うぁかれきぬれば」

「小竹」は、我々が現在使っている〈ひらがな〉で置き換えると「ささ」となるが、当時は「つぁつぁ」と読まれた。同じように、「は」は「ふぁ」だったのである。

もちろん、当時の人々の発音は、誰も聞いたことがない。しかし、それを解くカギはある。なぜなら、万葉仮名で書かれている漢字の発音を『玉篇』に書かれているような反切で調べ、これを当時の中国語と対応させると、それを再構成することができるからである。

「借訓」と「借音」

もうしばらく、『万葉集』の柿本人麻呂の歌について考えてみよう。

まず、冒頭の「小竹」は、漢語である。「小竹」と書いて、いまでいう「笹」を意味する。「笹」は、中国から渡来した漢字ではなく、日本で作られた漢字で、いわゆる「国字」である。国字がいつ作られたか正確には不明だが、『源氏物語』には「笹」も含めて国字が使われていることから、おそらく平安時代の前期頃には作られていたのではないかと考えられている。

さて、当時の中国語では、「小竹」は「シアゥ・チゥック」というような発音で読まれた。しかし、日本語にもすでに「小さな竹」を指して「つぁつぁ」という言い方があった。すなわち当時の日本人は、「小竹」という熟語を借用し、これに「つぁつぁ」という発音を宛てたのである。こうした方法を「借訓《しゃっくん》」と呼ぶ。

この歌の冒頭の一節「小竹之葉者」には、ほかにも「借訓」がある。「葉」は、当時の中国語の発音では「イェップ」であったが、「葉」を表現する当時あった日本語「ふぁ」に、「葉」という漢字の意味から発して、この字を宛てている。これも「借訓」である。

次の「者」は、当時の中国語の発音では「チェイ」となるが、日本語の読みでは「は」と読まれている。「は」は、いうまでもなく、日本語になくてはならない土語を示す助詞である。

中国語にはこのような助詞はないが、当時の中国の古典の注釈書などを見ると、「者」が日本語の助詞のような使い方をされていることが多くある。

先に挙げた『論語』の解説書では、「学」という漢字を説明するときに、「学者将以行之也（「学とは、将《まさ》に以って之を行ふなり」）」という使い方で、「者」という漢字を、前の語「学」を主語として示す言葉として使っている。つまりこれは、日本語で言うところの助詞と同様の使い方である。

当時の日本人は、こうした文法的な用法をも借りて宛字にしたのだが、発音が「チェイ」と「は」では異なることからも明らかなように、この使い方も「借訓」にあたる。

この歌には、ほかにも多くの「借訓」が使われている。

「山（やま）」「乱（さやげ）」「吾（われ）」「妹（いも）」「別（わかれ）」「来（き）」なども、中国では括弧内の〈ひらがな〉のようには読まない。すべて「借訓」である。

一方、この和歌では、「毛」「尓」「婆」が、日本語の助詞として使われているが、これらの漢字は、中国の読みとほぼ合致している。

「毛」は「モゥ」、「尓」は「ニェ」、「婆」は「バ」と当時の中国語では発音した。完全な宛字である。こうしたものは、中国語の音を借用して日本語としての表現を可能にしたもので、「借音」と呼ばれている。

万葉仮名はかくも独創性に満ちたものだったのである。

『万葉集』だけではなく

万葉仮名は、日本語の発音と同じ発音になる漢字を宛字にした「借音」と、意味が同じで発音が違う漢字を宛字にした「借訓」によって作られている。

序章に述べた言語の「借用」とは、必ずしも外国語をそのまま単語として利用するというだけのものではない。こうした日本語にうまく合致する文法的なものを含めた借用の方法でもあったのだ。

万葉仮名は、もちろん『万葉集』だけに使われたのではない。『古事記』や『日本書紀』も万葉仮名で書かれているし、また、たとえば天皇が出す「詔」や「勅」、そして神道で唱えられる「祝詞《のりと》」も万葉仮名によって書かれている。

ちなみに「詔」は、天皇が、改元、改銭、恩赦などの命令を出す公文書で、「勅」は摂政、関白に依頼をするときや皇子に氏を授けたりするときに出されたものである。

これらをまとめて漢語では「詔勅」というが、我が国では「宣命《せんみょう》」と呼ばれ、「宣命体」という文章のスタイルが使われた。

たとえば孝謙天皇によって出された七五七（天平勝宝九）年三月二十五日付けの宣命は次のような文章で始まっている。

天皇我大命良末等宣布大命乎衆聞食倍止宣。

この一見漢文かと見紛うような文章は、次のように読む。

「天皇《すめら》が大命《おほみこと》らまと宣《の》りたまふ大命を、衆《もろもろ》聞《き》き食《たま》へと宣《のぶ》る……」

意味は「天皇が、天皇の詔旨として述べられるこの詔旨を、皆が聞いてくれるようにと、述べられる」である。

こうした言葉は、詔勅が発布されるときの常套句だが、たとえば正倉院の文書のなかには、「宣」と、孝謙天皇が大きな字で書いて、横に小さな字で「詔」の文章を記したものも残っている。

現代語ならば、「宣」とは「のぶ」と読んで、つまり「聴きなさい！」とでも訳されるようなものであろう。

「天皇」や「大命」などの漢語に由来する言葉と「我」「良末等」など純粋な日本語の部分を、大きな字と小さな字で使い分ける方法が、実はこれから間もなく誕生する〈ひらがな〉や〈カタカナ〉へと大きな影響を与えていくことになるのである。

第四章　『万葉集』が読めなくなってしまった

漢詩は政治的教養

奈良から平安という時代、宮廷はいうまでもなく政治の中心であった。したがって宮廷に身を置く者は、たとえ歌人でも、文学者である以前に政治家でなければならなかった。

とはいえ、天皇を中心とした貴族制度を基にしたものである以上、その政治について直接口を出すことは憚《はばか》られる。中国の古典の教養をいかに豊かに持ち合わせているか、そしてそれをいかに自家薬籠中のものとしているか。そうした厚みこそ、貴族が貴族であることの深さを示す物差しとして考えられていた。そうした意味においても、漢詩文の勉強は必須であった。

七五一（天平勝宝三）年に成立したとされる、現存する日本最古の漢詩集である『懐《かい》風藻《ふうそう》』の開巻第一にある、大友皇子が天智天皇を賞賛した「侍宴」という漢詩は、まさにそうしたものである。

皇明光日月　　皇明《こうめい》、日月《ひつき》と光《て》らひ
帝徳載天地　　帝徳、天地《あめつち》と載せたまふ
三才並泰昌　　三才並《みな》泰昌
万国表臣義　　万国臣義を表《あら》はす

これは、五言絶句という形式の漢詩だが、その内容は、当時、朝鮮半島およびその近隣にあった新羅や渤海《ぼっかい》から日本へと朝貢するいわゆる「蕃国」との関係にあって、天智天皇によって築かれた我が国の地位を表明したものである。

奈良から平安朝にかけては、『懐風藻』を始めとして『経国集』『文華秀麗集』『本朝《ほんちょう》文粋《もんずい》』など、漢詩を選び収めた詞華集（アンソロジー）が数多く編纂されているが、これらの詞華集に収められた漢詩は、「序」「詞」「行」「讃」「論」「銘」と分類されている。これは、梁の昭明太子によって編纂された『文選』の分類をそのまま敷き写しにしたものである。

つまり、漢詩詞華集の編纂は、中国を中心とした東アジア圏において、日本の外交手腕を見せつけるものとして存在した。鑑賞に堪えうる漢詩があったから詞華集を編纂したのではない。日本が中国に匹敵する詞華集の編纂を可能にするレベルの高い国であることを海外に示すために、政治の仕事として編纂されたのである。

国風暗黒の時代の到来

我が国に書き言葉が姿を現し始めたとき、いまだ〈カタカナ〉や〈ひらがな〉は作られておらず、表記に使うことができる文字は漢字だけだった。中国を中心にして平面的な周縁関係を保つことに大きな政治的意味があった十世紀頃まで、外交という点で中国語の習得はもちろん、漢文の読解能力は必須のものだったのである。

七一〇（和銅三）年の平城京遷都を前に完成した漢文表記の『大宝律令』は、そうした密度の濃い日中関係から生まれた結実のひとつだといえるだろう。

また、すでに南北朝という時代を過ぎ、唐の長安（現在の西安）に都が置かれることによって、中国南方の呉語では役に立たないことがわかると、すぐに勅令を出して「呉音」から「漢音」へと中国語の発音を変えさせたりしたこともその表れである。

『大宝律令』による律令制度の完成を待って国家体制を整えた当時の我が国にとって、次に課題とされたのは、その体制がいかに正統な権威を保持して来たかということを中国や他の東アジア諸国に示すための「正史」の選定であった。

遷都の二年後にあたる七一二年、太安麻呂《おおのやすまろ》により『古事記』が撰上され、翌七一三年には、地方の諸国に『風土記』の撰進が命じられる。そして舎人《とねり》親王らがこれらをまとめて、中国の「正史」に匹敵するものとして『日本書紀』を編纂したのは、七二〇（養老四）年のことである。

『古事記』『風土記』『日本書紀』は、表記には漢字だけが使われている。パッと見ただけでは、漢文で書かれている文章にも見えるだろう。

むろん、これは中国や他国に対する独立国家としての顕示でもある。だが、それは同時に国内に向けても中央集権化を図るために重要な史書であった。

漢字を使って書かれているとは言え、これらの書は中国人がすらすら読める純粋な漢語によって書かれたものではない。

『古事記』は、天武天皇が稗田阿礼《ひえだのあれ》に命じて暗誦させた天皇の系譜『帝紀』、それに伝説や伝承をまとめた『旧辞』を太安麻呂が書き起こしたものとされるが、そこに出てくる日本古来の言葉や固有名詞などに関しては、基本的に漢字一文字一文字を表音文字として、つまり宛字として使っている。

これは、すでに述べたように、仏教がインドから中国に伝わった際、インドのサンスクリット語の「音」に漢字の「音」を当てて表記した方法と同じである。

ところが、七五九（天平宝字三）年頃に編集された『万葉集』の場合は、漢字の音を借りて日本語の音をあらわすという方法が大きく発展し、「戯書」と呼ばれる言葉遊びのようなものまで登場する。

たとえば、王羲之《おうぎし》は書の聖人として著名であるが、その「羲之」という漢字を書道の先生という意味の「手師《てし》」と読んで、「定めてし」「遊びてし」などの「てし」に宛てて書いてみたりする。

当時はこうした書き方があるという共通理解があったから読めたのであろう。しかし、もし、この読み方の伝承が一度でも消えてしまったとしたら……。

国文学者小島憲之博士によって指摘されているように、『万葉集』が編纂されてまもなくから、平安時代の十世紀初頭に『古今和歌集』が成立するまで、我が国は中国文化への傾斜によってこうした伝統を消すことになってしまう。いわゆる「国風暗黒の時代」の到来である。

その結果、平安時代初期にはなんと『万葉集』が読めなくなってしまう。だが、『万葉集』は日本最古の歌集であり、かつての天皇の歌も取られている。読めなくなってしまったで、放っておくわけにはいかない。平安中期の文化を開花させた村上天皇は、源順《みなもとのしたごう》、清原元輔など博学の学者たちに『万葉集』の解読を命じている。

村上天皇は、『古今和歌集』に続く第二番目の勅撰和歌集『後撰和歌集』の編纂を下命したり、内裏歌合《だいりうたあわせ》を行ったり、歌人としても、文化面においても非常に大きな足跡を残した天皇であった。

遊びを超えた真剣勝負

奈良から平安初期に掛けて、漢詩が対外的で政治的な教養だったとすれば、『古今和歌集』の成立以降、和歌はどういう存在であったのだろうか。

たとえば、平安時代に宮廷で行われていた和歌を競い合う「歌合」について考えてみよう。「歌合」は、天皇によって主催されることもある和歌の優劣を競うゲームである。参加者の多くは、貴族、僧侶、学者で、また貴族の子女や宮中で働く侍女たちも数多く加わった。

では、「歌合」が、当時の有力者たちにとっての単なる遊びだったかというと、必ずしもそうではない。

漢詩の創作能力が日本を支える外交手腕や政治力を示したとすれば、和歌を通して問われたものは、日本人としての教養やセンスのレベルであったといえるだろう。そしてそれは、日本という国土と日本人という民族に対する理解度をも示した。その延長線上にあるのは、内政における政治的な手腕ともいえる。だとすれば、「歌合」は遊びを超えた真剣勝負、自分の　生を左右しかねない重要なイベントとして存することになる。

その例が歌学書『袋草子』に記されている。平安中期の九六〇（天徳四）年、三十六歌仙のひとりに数えられる壬生忠見《みぶのただみ》は、内裏歌合に呼ばれ次のような歌を作った。自信の作である。

恋すてふ　わが名はまだき立ちにけり　人しれずこそ思ひそめしか

壬生のこの歌に対したのは、これもまた後、三十六歌仙のひとりに選ばれた平兼盛である。

忍ぶれど　色にいでにけりわが恋は　ものや思ふと人の問ふまで

この一首を当てられて、負けを喫した壬生忠見は、ついには食事も喉《のど》を通らなくなって死んでしまったというのである。エピソードの真偽はともかく、たった一首の勝ち負けで死ななければいけなかった歌人がいたという逸話は、和歌が政治的な意味においても非常に重要なものであったことを示すものであろう。

恋の歌は女性のためだけではない

『源氏物語』や『蜻蛉日記《かげろうにっき》』などを読むと、優秀な歌人であることが政治力そのものを意味していたことが記されている。我が国中世史の研究で著名な脇田晴子氏が指摘されるように、平安時代は母系制の社会であり、出世を志す男たちの多くは、身分の高い家柄の女性と関係を結んで自分の地位の足がかりを作り、政治的な活躍の場を作ろうとした。

これは当時、「妻問《つまどい》」と呼ばれたが、いまでいうところの「逆玉婚」と少し違うところは、一夫多妻制だったことであろう。

平安中期に作られた藤原明衡《あきひら》による『新猿楽記』には、こうした当時の結婚にまつわる話が端的に描かれている。

主人公は、四十歳になる高級役人で、名は右衛門尉《うえもんのじょう》。彼は、三人の妻を抱えているが、一番目の妻は中央の官僚となるための足がかりとして結婚した、自分よりも二十歳も年上のオニババア。右衛門尉にとっては、地位を得るためだけの結婚である。二番目の妻は右衛門尉と同い年で、現在同居中。彼女が右衛門尉の家を取り仕切り、衣食住の世話から年貢物の売り買い、馬鞍《うまぐら》、胡簶《やなぐい》などの武具の手入れ、従者の面倒も見てくれている。こんな素晴らしい妻がありながら、右衛門尉は、三番目に娶《めと》った十八歳の妻の元へ、夜な夜な通うのである。

家柄のよい女と結婚した後に、美しい女をおおぜい抱え「玉のような子供」を何人も作ることは、男の地位を保障したのである。

いささか余談に流れたが、『万葉集』では「相聞《そうもん》」、『古今和歌集』では「恋」という章題で分類される恋の歌の数は著しく多い。たしかに、これは母系社会で生きていくうえで、女性の心をくすぐり、射止めるための歌が、どうしても必要であったことを示している。ただ、それらを詠んだのが、歌人としても知られる優秀な政治家や官僚であることからすると、恋の歌は単純に女性のためだけのものとはいえない。歌人の政治力を示すものでもあったに違いない。このあたりに和歌というものの深さがあるのではなかろうか。

言葉の意味すら

鎌倉幕府成立の翌年、一一九三（建久四）年に行われた「歌合」が、『六百番歌合』という文献となって残っている。これは中世、和歌極盛期の「歌合」の記録で、日本語の歴史にとって非常に興味深い記事が多く掲載されている。

この「歌合」に参加したのは、当時のトップクラスの歌人たちで、後鳥羽上皇の勅撰である『新古今和歌集』の編纂にも関わった藤原良経、藤原定家、藤原家隆などといった錚々《そうそう》たるメンバーである。

この書物には、左と右に分かれて詠んだ歌だけではなく、相手の歌に対して善し悪しを述べた意見が収録されている。歌の判者は当時の歌壇の第一人者である、藤原俊成。

日本語を考えるうえで興味を引かれるのは、判者、藤原俊成の寸評である。

たとえば、「海に寄せし恋」という題が出された左側、顕昭《けんしょう》はこう詠んだ。

鯢《くぢら》とる　さかしき海の底までも　君だに住まば　波路しのがん

右側にいた寂蓮は、この歌に対して、「恐ろしくや」と意見を言うのだが、そこに、判者の藤原俊成がこうかぶせる。

「『万葉集』にも、鯢をとるという句はありますよ。こんな狂歌みたいな歌もあります。だけどねえ、なんとも恐い歌ですねえ。あの秦の始皇帝だってですよ、『蓬萊に不死の薬を探しに行って大きな魚を射よ』とはいっているけれど、『鯢を取れ』なんて言葉までは、使っちゃいない。歌っていうのはねえ、やっぱり優艶でなくっちゃねぇ……。(大意)」

俊成がいう『万葉集』にも見えるという歌は、

鯨魚《いさな》取り　海や死にする　山や死にする　死ぬれこそ　海は潮干《しほひ》て　山は枯れすれ

(巻十六、三八五二)

大意は「海は死にますか　山は死にますか　死ぬからこそ　海は潮が干いて　山は枯れてしまうのです」というあたりである。「鯨魚取り」という言葉は、「海」に掛かる枕詞で、『万葉集』には十二首掲載される。しかし、『古今和歌集』（九〇五年）や『新古今和歌集』（一二〇五年）にこの枕詞を使って詠われたものは一首もない。

『万葉集』は七六〇（天平宝字四）年ごろの成立とされているが、小田切秀雄氏が『万葉の伝統』などでいわれるように、万葉の世界を支えていた生活の匂いや直接的な感情が、平安中期までに和歌が情趣化されていくのに伴い消えて行ったのだろう。しかし、その間、およそ百五十年である。

こうした例は他にも、柿本人麻呂の歌、

水の上に　数《かず》書くごとき　我が命　妹《いも》に逢はむと　うけひつるかも

（巻十一、二四三三）

が、『古今和歌集』では、

ゆく水に　数書くよりも　はかなきは　思はぬ人を　思ふなりけり

「流れゆく水に数を書くよりももっと空しいのは、自分を思ってくれない人のことを、自分ばかりが思うことであるよ」と、柔らかく読み替えられたりしている例も挙げることができるだろう。

『六百番歌合』にある俊成の批評は、歌に使われた言葉に対して行われていて、「この言葉は耳障り」だとか「その言葉は恐ろしい」だとか「言いにくい」などといった批評が数多く見られるのである。これがトップレベルの知識人の価値観であった。

こうしたことから察するに、平安時代の日本人の感覚は、奈良時代とは大きく違うものになっていたに違いない。

人麻呂の歌は、『万葉集』の本文では、「水上　如数書　吾命　妹相　受日鶴鴨」と万葉仮名で書かれている。

「水上」を「水の上に」と読ませる書き出しの一節からして、平安前期あたりに確立する「五七五七七」という和歌の原則からすると字余りで、万葉時代独特の語感が受けとれる。

さらに最後の「受日鶴鴨」は、「うけ・ひ・つる・かも」と漢字を宛て込んだ訓読がなされているが、なかにある「うけひ（うけふ）」という言葉は、人麻呂の頃は、「寝る前に祈って寝れば、夢の中で必ず会える」という背景を持った「神に祈る」という意味で、だからこそ人麻呂は「うけひ」を使って、典拠である涅槃経《ねはんきょう》のなかの「猶《な》ほ電光、暴水、幻炎のごとし」という一文を、「夢」と重ねて織り描いている。しかしこの「うけひ」は、平安時代に入ると「呪い」を意味するようになってしまうのである。

このように、奈良と平安では、言語の感覚が大きく異なっていたことが明らかであろう。

第五章　空海が唐で学んできたこと

長安の文化を求めて

ここで、「いろは歌」の誕生に進む前に、遣唐使の時代に話をしばらく戻したい。なぜなら、日本語が確立していく過程で遣唐使が果たした役割、もっとしぼって言えば、空海の果たした役割をいま少し考えてみたいからである。

七一〇年に行われた奈良平城京への遷都によって律令制度は強化され、租庸調の税金や戸籍などの新政策が全国的に行われることとなり、中央集権システムが拡大する。そのとき体制を支えたのは、律令という制度だけではない。仏教による国家の鎮護という思想が何より重要であった。この思想によって、九州、四国、東北に至るまで、国分寺、国分尼寺が建立され、国内には情報網が張り巡らされ、さらに灌漑《かんがい》、治水などのインフラも整備されてゆく。

それらが、平城京内に国家鎮護の象徴となる巨大建築物、奈良東大寺大仏殿の建立を可能にし、同時に奈良仏教は政治的に強い影響力を持っていくことになる。

もちろん、こうした戦略的な国家事業はすべて、中国で長期政権を成し遂げた唐が手本になっている。平城京という都市の形状が、唐の首都、長安を模して造営されていたことを見るだけでもそれは明らかであろう。

平城京という新しい都市には、唐の長期政権を可能にした国家体制のすべてが持ち込まれていた。そしてそれらの多くは、唐への使節団、遣唐使によって日本国内にもたらされたものなのである。

第一次の遣唐使は、聖徳太子が没してから八年後の六三〇年であった。それ以来、飛鳥、奈良、平安と時代をまたぎ、平安時代の中期にあたる八九四（寛平六）年、菅原道真の建議によって終了するまでの二百六十四年間、諸説あるものの、遣唐使はほぼ二十回派遣された。およそ十三年に一度の割合である。

当時の長安は、最高レベルの学問や文化が集中した世界一の国際都市である。国家としての体制が固まりつつある日本にとって、長安からもたらされる文物や思想は欠くべからざるものであった。しかし、生きて彼の地へたどり着けるか、再び戻ってこられるかは分からない。唐で客死した遣唐使も少なくはなかった。

彼らを長安へとかり立てたのは、ひたすら日本という国を創り上げたいという、創生期においてしか経験し得ない崇高な情熱だったのではないか。

奈良時代が誇る偉大な政治家のひとりである吉備真備《きびのまきび》は、荒海を越えて二度も使節として唐に渡っている。彼をはじめとする当時の政治家たちの姿は、自らの命を懸けても学ばねばならない学問の存在を、後進たちに知らせていたに違いない。

中国の役人も驚く語学レベル

吉備真備の時代から約半世紀が過ぎ、平安時代初期の八〇四（延暦二十三）年、博多を出港する遣唐使船に乗船していたのが、空海（七七四〜八三五）である。

七九四（延暦十三）年、桓武天皇によって都は奈良から京都に移されていた。平安遷都の時、空海は二十歳、この年に出家したとも言われている。

空海の乗る遣唐使船は、福岡博多から長崎の平戸へ渡り、東シナ海に出るコースをたどっていた。しかし、より安全と見られたこのコース設定は、いったん天候が悪くなるとその影響を強く被る航路でもあった。

船は暴風雨のなかを南へさらわれ、沈没はまぬかれたものの上海からさほど遠くない現在の福建省霞浦県赤岸村に漂着する。

遣唐使船の漂着を聞いてすぐに飛んできた中国人の役人に、すべての事情を説明したのが、空海であった。後世の誇張もあろうが、彼の中国語のレベルは、中国人の役人をも驚かせるほどであったという。空海は事情説明のために長安政府への書簡を記し、その名文と名筆によって、遣唐使船の遭難は即座に長安に知らされたとされる。

空海が中国語を学んだのは、奈良東大寺である。国政にかかわるものにとって、中国語はどうしても必要な基礎知識だった。僧侶にとっての中国語は、当然仏教経典を研究するためのものであったが、仏教とは当時、宗教というだけでなく建築、暦、医学なども網羅した科学技術というほどの広さと深さをもっていた。空海の中国語のレベルは、こうした総合的な学問の上にあったものなのである。

空海は高位の役人になることすらできない下層の出自であった。国費留学生としての資格を得るためには、正式の僧侶となるほかない。そのためには、国が認めた「具足《ぐそく》戒《かい》」を受けなければならなかった。

「具足戒」は、小乗的な思想的背景を色濃く残した奈良仏教の根幹を支えるもので、僧侶になるための儀式「四分律」という体系のなかにある。空海は、遣唐使に選出される直前、奈良東大寺で具足戒を受け、正式な僧侶となったと伝えられる。

模倣から「実」へ

空海は二十年の計画で長安に留学する予定だったところを、高僧恵果《えか》（「けいか」とも）から「胎蔵《たいぞう》」「金剛」という名のふたつの秘教を一身に受け渡され、二年後の八〇六（大同元）年に帰国する。

「早く郷国に帰りて以て国家に奉り、天下に流布して蒼生の福を増せ」という恵果の遺言に従ったのであろう。恵果は、代宗以下三代の皇帝の師となった人である。

「この世の一切を遍《あまね》く照らす最上の者」を意味する遍照金剛《へんじょうこんごう》という灌頂名《かんじょうめい》を得た空海は、経典を理解しながら、経典に書かれた言葉を超えたところにあるものをいかに理解するかということを常に考えていた。

仏教の学問は、奈良から平安初期までに、すでに日本に十分に蓄積されている。それは天平文化に見える寺院や仏像が、日本人の手によって高い水準で造られていることでもわかるだろう。

京都の平安京は、奈良の平城京より規模も大きく、都市建設においても高いレベルを見せていた。中国の模倣を越えた「日本文化」がたしかな手応えをもって姿を現し始めていたのである。

そうした時代にあって、空海が持ち帰ってきたものは、情報より「実」とでもいうべき意識ではなかったか。言ってみれば、借り物ではない世界を実現する力である。

むろん、それまでの日本に「実」というものがなかったわけではない。しかし、「世界」とは中国であり、「普遍の伝達」とは中国の模倣とイコールであった。「実」という意識はまだ薄かったであろう。たとえば、国家の中枢にある天皇の位置も、『日本書紀』

に書かれるようには日本的なものではあったが、その書かれ方には対中国、対朝鮮半島の諸国を意識した部分が強い。

「実」という意識は、あるいは、芸術家が模倣を繰り返す修業時代を抜けだし独創の境地に立った地点と似ているとでも言えようか。模倣は本来、「実」を必要とはしない。模倣によってあらゆる技術を身につけようとするときの条件は、いかにして「実」を捨てられるかである。しかし、捨てようと思えば思うほど、目の前の壁となって「実」は大きく姿をあらわしてくる。そして、いかにして「実」を捨てられるかともがき続ける修行のなかで、最後の最後に幻のように残った「実」こそが、まさしく独創の足場となるのではなかろうか。

折りしも日本では、本当の意味での独創が始まろうとしていた。日本語において、それは〈カタカナ〉と〈ひらがな〉へとつながってゆくのである。

反骨・最澄の正論

「実」の意識を持って仏教に独創をもたらしたのは、しかし空海だけではない。空海とともに遣唐使として唐の長安へ向かった留学僧のひとり、最澄《さいちょう》（七六七〜八二二）も、方法こそ違え、同じ目的に立っていた。

日本に天台宗をもたらしたことで知られる最澄は、空海より一年早く、八〇五年に帰国する。それから十三年後の八一八（弘仁九）年、彼は突如として奈良仏教の「具足戒」を全面否定する論陣を張る。「具足戒」とは、先に述べたように、奈良仏教の根幹を支える二百五十の厳しい戒律である。遣唐使として入唐《にっとう》するための絶対条件でもあった。

最澄はその「具足戒」について、「実際には実行不可能な戒律である」とし、「すでに形式にすぎない具足戒にこだわっていて国家鎮護の大任は果たせない」、「我々の使命は衆生救済であり、具足戒ではない」と痛烈に批判した。

最澄の主張は、「仏教の目的である衆生救済は、『梵網経《ぼんもうきょう》』という名の仏教経典にもとづく大乗戒のみで十分である」というものである。

「大乗戒」とは、「衆生本来仏なり」という言葉に象徴される思想である。最澄はこのとき、人の心にある仏を知らしめるための修行を重視すべきであり、厳しい戒律は必要がないとしたのであった。

日本の仏教の多くが小乗的な厳しい戒律を持たないのは、最澄によるこの「具足戒」の否定から始まったとされるが、根幹となる「具足戒」という戒律を全面否定された奈良仏教は、もちろん激怒する。

『梵網経』にある大乗戒は一段低い在家者（俗人）のためのものだ」、「具足戒の否定はこれまでの歴史を否定する」と最澄を徹底的に攻撃し、それでも引かない最澄に業《ごう》を煮やし、当時の嵯峨天皇に直訴しようとまでする。しかし、「具足戒」がすでに形骸化していたのは、事実であった。

仏教は、俗人にも理解できる。厳しい修行が重要なのではなく、信仰心と学ぼうとする気持ちさえあれば、俗人が僧侶になることに反対する理由があろうか。こうした新しい大乗の教えによる考え方は、仏教は戒律を重んじ、古い呉音によってお経を理解した者だけが救われるという特権的意識をも打ち砕いた。

このとき仏教は、民衆へ拡がることを要求していたに違いない。そしてそのためには、中国語による仏教ではなく、日本語による仏教が必要性を帯びるのである。

反骨の最澄は、形骸化した「具足戒」を否定しつづけて没した。しかし、その批判は、奈良仏教の幹部たちがしがみつき、守ろうとしていた特権をも剝奪していく。民衆を苦しみから救うものこそが仏教である、とする最澄の主張は、まさに当時の社会の底辺から湧き上がって来た声に違いない。目の前にある、民衆の仏教に対する思いを、最澄はまるで一手に引き受けたかのように思われる。

この時、空海はどうしたか。最澄による「具足戒」の全面否定の議論に対して、奈良仏教の擁護にまわり、それを最後まで貫いている。

ただ、最澄という存在によって、空海はかえって自分が本当に何をしなければならないかを知るに至ったのではないだろうか。

陀羅尼と言霊信仰

八〇六年に唐から帰国した後、空海は東大寺第十四代別当として迎えられる。そこでの修行のなか、彼は権力に固執する奈良仏教の重鎮たちの姿を間近に見たことであろう。空海の目には、奈良仏教がすでに真の意味で国家鎮護を担う存在ではなく、たんなる権力に化したと映ったに違いない。

しかし、空海が生きた東大寺や唐招提寺といった奈良仏教の中心的な役割を果たす寺院には、国家鎮護の中核として唐より来朝した偉大なる聖僧、鑑真《がんじん》の足跡が数多く残っている。

鑑真の来朝を成し遂げたのは、空海にとって遣唐使の大先達にあたる奈良の政治家であった吉備真備である。空海の生まれた翌年に世を去った吉備真備が、いかなる思いで鑑真を日本に招いたのか。その崇高な遺志を空海は受け取っていた。

空海はそのとき、ひとりサンスクリット語の研究を手がけはじめるのである。

空海のこうした語学の研究は、けっして楽ではなかっただろう。何しろ漢字しかない時代であった。つまり、まだ〈カタカナ〉も〈ひらがな〉もなかった日本で、彼はインドの言葉を勉強したのである。

空海には伝説的な逸話が多いが、そのなかに、彼のサンスクリット語への開眼とも言えるものがある。

それは、空海がまだ無名の一僧侶、真魚《まお》と名乗っていた頃、「虚空蔵求聞持法《こくうぞうぐもんじほう》」という呪文を授かったという話である。これは、空海が二十四歳のときに記した自伝的出家宣言ともいえる『三教指帰《さんごうしいき》』（初題『聾瞽指帰《ろうこ》』）に記されたもので、「虚空蔵求聞持法」は、沙門と呼ばれる位にある出家した修行僧から授かったとされる。

「沙門」という位は、その読み方からあるいは「シャーマン」を指すのではないかともいわれるが、いずれにせよ若き空海が「虚空蔵求聞持法」を土佐（現在の高知県）の室戸岬で修めたところ、明星が来影し修行が成就したという。このオカルト的なエピソードに興味をそそられるひとも少なくない。

「虚空蔵求聞持法」は今『大正新脩大蔵経《だいぞうきょう》』にも収められ見ることができるが、これは中国唐代の初期に、インドから唐に密教をもたらした高僧、善無畏《ぜんむい》（シュバカラシンハ）によって、サンスクリット語から漢訳されたもので、次のようなものである。

南牟阿迦捨《なむあかざ》、掲婆耶《ぎゃばや》、唵阿唎迦《えありか》、摩唎慕唎《まりぼり》、莎嚩訶《そわか》

漢訳された仏教経典は、意訳と音訳が混在したものであると先に述べた。つまり音訳された部分は、漢字そのものの持つ意味からは、当然、解釈できない。解釈するには、

漢字の発音からサンスクリット語を導き出し、サンスクリット語本来の意味を知らなければならないのである。

たとえばこの「虚空蔵求聞持法」でみれば、「阿迦捨」は「虚空蔵菩薩」のサンスクリット語の名前で、これは意訳である。また、「莎嚩訶」は「祈願成就」を意味するサンスクリット語「ソワカ」の音訳である。

『三教指帰』によれば、空海はこのような教えの精髄を凝縮した「陀羅尼」を「若能常誦此陀羅尼者、従無始来五無間等一切罪障悉皆消滅（若《も》し能《よ》く常にこの陀羅尼を誦する者は、無始より来たる五無間等の一切罪障は悉《ことごと》く皆消滅す）」と解釈したらしいが、サンスクリット語そのままの解釈によれば、これは「華鬘蓮華冠をかぶれる虚空蔵菩薩に帰命して祈願成就せん」という意味になる。

「陀羅尼」には奈良仏教の僧侶の呪術的な儀式の要素があり、魔除けや仏教的境地を得るための特権的な専門用語として使われていたに違いない。そして空海は、ある沙門から授けられた「虚空蔵求聞持法」という「陀羅尼」によって、独学で開眼したのである。

このとき空海は、まさに権威や特権より以上の「真」なるものがあることを直感的に知ることになったのではないだろうか。

日本には古来、言語には神霊が宿るという「言霊《ことだま》信仰」があり、『日本書紀』などに伝説として伝えられてきている。そうした下地を持つ日本人は「陀羅尼」に不思議な力があることを、ほとんど疑問なしに受け入れることができたと思われる。

もとより、奈良の僧侶たちが仏教経典の淵源はインドにあることを知らなかったわけではない。インドには、意味は不明だが、奇跡を起こす「陀羅尼」という言葉がある。その存在は、日本的な言霊信仰とほぼ同軸にあるものではないか。そう考えれば、仏教経典の理解において、サンスクリット語への原点回帰は必然であったに違いない。

ただ、この時代の日本には、サンスクリット語を学ぶ学問的な土台がなかった。空海の入唐は、こうした意味において、当然ながら、サンスクリット語による仏教の根本的理解という目的があったのである。

中国語から日本語による理解へ

むろん、まだ〈カタカナ〉も〈ひらがな〉も生まれていない時代である。

唐の政治システムを模倣し、国家鎮護というかたちで仏教を伝播させようと試みても、ほころびは、数かぎりなく出てきていた。

原因は奈良仏教の破綻にもあった。しかし、長期政権を成し遂げた大都市長安を創りあげた唐のシステムが、我が国において微妙に機能しえなかったのは、いまだそれが借り物であって、日本の民族性に滲透《しんとう》するまでにはいたらなかったという点にあったのではないだろうか。

民族性、すなわち「国語」である。

「祖国とは国語である」という、ルーマニアの思想家、シオランの有名な言葉を引くまでもない。国家が存在するからには「国語」が存在する。そして「国語」は、上からの指針によって創られるのではない。それは国民の生活の中から湧き上がって来るものである。

中国語を習得しなければ仏教経典を理解できないという特権的な仕組みとは別に、民衆は「国語」による仏教の理解を望んでいた。高位高官の学者という身分としてではなく僧侶の修行をした空海は、それを肌で感じていたと思われる。

奈良仏教という閉鎖的な空間で学ぶ中国式の仏教は、万人に伝えるうえで、すでに困難を含んでいることは誰の目にも明らかだった。日本語による仏教の理解はもはや不可避である。だとすれば、中国式の理解より、仏教経典は原点であるサンスクリット語まで立ち戻り、本質から日本語による理解を構築してゆくことこそが必要不可欠である。ために空海は、仏教経典のオリジナルであるサンスクリット語への回帰を試みたのである。最澄とアプローチの仕方は違うけれど、こうした仏教に対する思いは、同じところにあったはずである。

大きな革命

空海は晩年、主著『十住心論』のなかで、大日経（『大毘盧遮那《だいびるしゃな》成仏神変加持教《じょうぶつしんぺんかじきょう》』）の「実の如くに自心を知る」を説明して、「自分自身の心の世界の底にある本来的自己を認識することによって、自己の人格の達し得た境地をありのままに探っていくことだ」という。空海の目的は、ふたつの秘教「胎蔵」と「金剛」の伝承だけではなく、決して切れることなく綿々と連なって伝えなければならない「実」を受け渡していくため、その意識を日本人のなかに広げることもあったといえるだろう。

「実」から「実」へという方法で、普遍の伝達は明確に果たされることを、空海は肌で感じていた。こうした意識を身分に関係なく日本人に広めることにより、人の意識は相対化し、深くなってゆく。それによって、日本という国は、中国大陸に頼って存在するのではなく、中国から受けた文化を相対化する方向に進んで行ける。……その場面には、むろん当然のごとく、「国語」という存在が浮かび上がってくるだろう。あるいは、空海という天才が外の世界で感じてきたものは、日本には日本語でしか伝えられないものがあることの発見であったのかもしれない。

「実」という意識といっても、しかし、それはけっして抽象的なものではない。見据えられていたのは、中国本位の文化からの脱却であった。

その場合、空海にとって必要なものは、彼が伝承しようとする思想を高度なシステムとして完成させるための場所であった。八一六（弘仁七）年、空海は嵯峨天皇の庇護によって、高野山に金剛峯寺《こんごうぶじ》を開くのである。

時代錯誤とも思えるほど中国からの文化の流入に懸命で、さらに閉鎖的かつ特権的な体制であった奈良仏教の中心に空海はいた。そこからこうした意識を広く伝播させようと試みる空海そのものが、当時の日本にとってはまさに大きな革命だったのである。

菅原道真と遣唐使の廃止

空海の死から四十年後、八七五（貞観十七）年の正月、京都御所から路を隔てて東側に在していた殿舎、冷泉院《れいぜいいん》が焼けるという事件が起こる。冷泉院は現在の宮内庁書陵部に当たる。もともとは、八一六年八月、嵯峨天皇によって、文人を呼んで漢詩を読ませる場所として建立されたもので、中国から伝来した厖大《ぼうだい》な量の蔵書がここには収められていた。

冷泉院の焼失後、藤原佐世《すけよ》によって著された中国書籍の目録『日本国見在書目録《にほんこくげんざいしょもくろく》』には、漢籍の数、約一万七〇〇〇巻、じつに一五七九にのぼるタイトルが記載されている。

この目録に載せられた書物は、実は、隋から唐にかけて中国の王室が保有した書物の目録である『隋書』経籍志に匹敵する。遣隋使、遣唐使によってもたらされたこれらの重要な典籍が、日本の政治・文化の中心であった朝廷の書庫である冷泉院から忽然《こつぜん》と姿を消すことになったのである。

この火事から約二十年後、もうひとつ、日本語にとって重要な事件が起こる。それは、八九四（寛平六）年、菅原道真によって決定された遣唐使の廃止であった。

菅原道真は平安時代の学者、政治家である。生まれたのは八四五（承和十二）年。空海が入定《にゅうじょう》して十年後である。父親は菅原是善《これよし》、祖父は菅原清公《きよとも》といい、そもそも菅原家は、天皇に仕えて儒教を研究し教授する家柄であった。ちなみに祖父の清公は、八〇四（延暦二十三）年、空海、最澄とともに遣唐使判官として唐へ渡った人物である。

父の是善は、隋、唐それぞれの時代の漢字の音の研究に長じ、『東宮切韻』という漢字の発音に関する書物も作っている。これは亡逸して残念ながら見ることはできないが、中国の音韻学に基づく研究書であった。

道真は、中国文化を肌身で感じることができるこうした家庭環境のなかで、早くから詩文を作る勉強をさせられていた。才能は見事に開花し、十八歳で文章生《もんじょう》となり、若くして宮廷に仕えることとなる。藤原基経の職をめぐって起こった「阿衡《あこう》事件」の折には、仲裁に入り見事に解決する。これによって宇多天皇の信任を得、自分の娘を宇多天皇の子であった斉世《ときよ》親王に嫁がせるまで親密な関係を築く。

しかし、結局宇多天皇との密接な関係が、道真の失脚を導くことになる。八九九（昌泰二）年、道真は、醍醐天皇を廃して斉世親王を擁立しようと謀ったと誣告《ぶこく》されて罪を得、二年後に大宰権帥《だざいのごんのそち》として九州に左遷される。いわゆる「昌泰の変」である。道真は大宰府に流されて二年後の九〇三（延喜三）年に没した。

道真の死後、京都は恐怖にさらされる。醍醐天皇の皇子が次々と病死し、清涼殿には雷が落ちて多くの死傷者を出す。このような異変が相次ぎ、朝廷は、道真の祟《たた》りを鎮めるべく、その罪を赦《ゆる》すと同時に贈位を行い、清涼殿を襲った雷神を北野天満宮に祀った。

これ以降道真は、学問の神様となる。それは、道真が詩や文章に優れ、中国の歴史書に匹敵する『類聚国史』（一部亡逸）、『六国史』の一つである『日本三代実録』といった歴史書を編纂するなどの業績を残したからである。同時に祖父である清公が主宰した家塾「菅家廊下」の門人が朝廷に輩出したこともまた、学問の神様となる大きな要因であった。

遣唐使の廃止を建議した八九四年、じつは彼は遣唐大使に任ぜられていた。

道真の建議は、唐までの危険な旅路を恐れたからだとも言われている。死を懸ける旅への恐怖は、たしかにわからないではない。しかしながら、このとき優秀な政治家でもあった道真の耳には、すでに唐が滅亡の危機にあるという情報が入っていたのではないだろうか。その証拠に、彼の建議から十三年後、唐はボロボロになって滅びてしまう。

唐の混乱した情勢も含めて、道真は、もはや唐との関係は不必要であるという英断を下したのではなかったか。そしてそこには、祖父の代、父の代と二代に渡って続いた中国との密接な関係を間近で見ていたことも影響しているだろう。

祖父や父の時代には必要だった唐という国から、必要なものを学びきったかどうか、道真には誰よりもよく見えていた。と同時に道真は、『類聚国史』や『日本三代実録』といった歴史書を編纂しながら、我が国を通観しているのである。

日本が、これまで唐から学んだものを昇華させる時代に入ったことを、彼は感じていたのではないかと思うのだ。

はたして、道真による遣唐使の廃止は、卓見だったともいえるだろう。中国との関係を絶つことによって、道真が大宰府で死ぬ九〇三年の前後には、日本語にとって重要な書物があらわれることになる。

『伊勢物語』が成立してまもなく、紀貫之らによって『古今和歌集』が撰進され、その貫之は、九三五（承平五）年『土佐日記』を著している。こうした書物の具体的な成立は、まさしく中国からの影響を脱した日本語の地平線が、ひろがりを見せていたことの現れであった。

『土佐日記』の冒頭、「男もすなる日記」と記されるように、日記は本来「男」のものだった。朝廷で行われる儀式を記す日報の役目をしたのが当時の日記で、ひとつひとつの複雑な儀式を子孫に伝えるのが、家長としての責務であった。

宮廷に出入りする女性たちがその日記を〈ひらがな〉によって文学にまで引き上げたのは、まさに母系制で成り立った社会が爛熟し、制度よりむしろ情緒へと移行する転換点に日本語が立っていたからであろう。そして、日記文学は、世界に誇る小説『源氏物語』へとつながっていくことになるのである。

第六章　〈いろは〉の誕生

三つの母音が消えてしまった

『古事記』『日本書紀』『万葉集』に、「上代特殊仮名遣い」という、それ以降の日本語とは大きく異なる複雑な体系があったことを証明したのは、終戦の半年ほど前に亡くなった国語学者、橋本進吉博士であった。

橋本博士は、江戸時代後期の国学者、石塚龍麿《たつまろ》の研究をもとに『古事記』『日本書紀』『万葉集』を考証し、有坂秀世博士がこれを推し進める。

その結果、「キ・ヒ・ミ・ケ・ヘ・メ・コ・ソ・ト・ノ・ヨ・ロ・モ」、また「ア行のエ」と「ヤ行のエ」の十四の仮名について、それぞれに二種類（甲類・乙類）の異なった音が存在したという結論を得た。

たとえば、「キ」に関していえば、「ゆき（雪）」の「き」は甲類、「つき（月）」の「き」は乙類というふうに分類される。万葉仮名に使われた漢字でみると、甲類の「キ」は「企、岐、祇」などとしか書かれず、乙類の「キ」は、「奇、綺、騎、基、記、紀」などの字しか宛てられていない。決して混同はない。そこからこの分類が生まれたのであった。

甲類の「キ」に宛てられた漢字から導き出される発音は、「ki」となるもので、乙類の「キ」に宛てられた漢字から導き出される発音は、同じく「kï」となる。これらは、中国の隋の頃の漢字の発音体系を反映して、万葉のころの母音には「i」と「ï」の違い同様、「e」と「ë」の違い、「o」と「ö」の違いがあり、現在の五母音にこの三つを加えて、日本語には八つの母音があったと言われている。

ところが、八つの母音を持つ万葉時代の音韻体系は、平安時代初期に突如として消失する。どうして消失したのか……。

これについては、いくつかの研究がなされているが、実は『古事記』『日本書紀』『万葉集』を編纂したのが帰化人だったからではないかと筆者は考えるのである。

つまり、万葉の時代に生きた日本語ネイティブにとって、「上代特殊仮名遣い」における漢字の書き分けは、実はどうでもいいことであった。しかし、帰化人、特に中国人にとっては、こうした音韻の差は非常に気になることであったのではないか。

別の言い方をすれば、日本語が日本語として自立するためには、八つの母音を聞き分ける帰化人による表記ではなく、五つの母音で十分な日本人の表記が自立的に行われなければならない。そのために、帰化人の影響を受けなくなると、八つの母音はたちまち消えてしまった。……そう推測するのである。

たとえば、英語でも「ban」であれば「禁止令」という意味で、「van」なら「小型トラック」であるが、日本語には基本的に「b」と「v」の発音の違いがない。英語圏の人なら違って発音できる、あるいは書き分けられるのに、日本人にはできないというのと同じである。

ただし、こうした書き分けがあることによって、精確な語源解釈を得ることはできる。天皇や皇位の継承者を「日継ぎ」と呼ぶが、これを「神火を継承する」という意味で

「火継ぎ」だと語源解釈をするのは誤り。なぜなら、「日」の「ヒ」は甲類で「fi」と発音し、「火」の「ヒ」は乙類で「fï」と発音するからである。

母音の「i」と「ï」の違いだが、宛字となった漢字が相容れなければ、同じ系統でないことがはっきりとわかるのである。

朱点（ヲコト点）の登場

大伴家持の死は平安遷都を目前にした七八五（延暦四）年である。その家持と同じく当時参議であった藤原浜成によって、七七二（宝亀三）年には『歌経標式《かきょう》』という我が国で最初の歌論書が作られ、日本で生まれた和歌に関する学問的な取り組みがすでになされている。

学問といえば、中国から輸入された儒教や仏教経典に関するものだけだった日本人にとって、和歌に対する考察が行われたことは、先に見たように、すでに日本語が複雑な表現に耐えうるほど確立されたことをも意味している。だからこそ、中国人と同じ発音で読み、そこから意味を理解してきた漢文を、日本語で読むことはできないかという挑戦も始まってくる。

漢文を中国語として読まずに日本語で読む技術。これは漢文訓読という方法で、現在の我々が高校で習う形でいまだに残っている。漢文に返り点である「レ点」などの記号が付いた状態といえば、おわかりいただけるだろう。

漢字ひと文字ひと文字の周囲に朱点を打って漢文を読む方法が生まれたのである。漢文を日本語として読む場合、朱点は「ハ」「ニ」「ヲ」などの助詞とともに返り点も示す。これらは「ヲコト点」と呼ばれ、「ヲコト点」がつけられた本は「点本《しんぽん》」と称される。奈良時代に書かれた点本は見つかっていない。まだ「ヲコト点」という発想がなかったのか、それとも発見されていないだけなのか、それはわからない。

現在、年代をはっきりさせることのできる最古の点本の資料は、八一八（天長五）年の『成実論《じょうじつろん》』であるとされ、それから二年後の八三〇年の年期が記された『金光明最勝《こんこうみょうさいしょう》王経』には、奈良の西大寺で読まれたことを示す「ヲコト点」がついている。

西大寺と日本語の深い関係

この西大寺と『金光明最勝王経』は、日本語の歴史に、もっと言えば、「いろは歌」と五十音図に深い関係がある。

西大寺で非常に早い時期から「ヲコト点」が使われていたということだけではない。一〇七九（承暦三）年に『金光明最勝王経音義』という『金光明最勝王経』の注釈書が書写されているのだが、ここに十世紀に成立したと思われる「いろは歌」と現在の五十音図の原型ともいえるものが登場する。

西大寺は、聖武天皇が建立した東大寺に対して建立された寺で、勅願を行ったのは聖武天皇の第一皇女、孝謙天皇である。西大寺の建立は七六五（天平神護元）年のことで、この時期、孝謙天皇は重祚《ちょうそ》して称徳天皇と称していた。

東大寺は別名「金光明四《し》天王護《てんのうご》国之《こくの》寺《てら》」ともいう。聖武天皇が、国家の平安を願って、宮中のみならず、諸国の国分寺に『金光明最勝王経』を転読させるための根本寺としたためである。

聖武天皇から皇位を譲られた孝謙天皇が、西大寺においてもこの経を国家鎮護の目的で転読させたのは、先帝の遺志を受け継いだものであろう。

五十音図の歴史については、後の第八章で記すことにするが、いずれにしても西大寺にいた僧侶たちは、『金光明最勝王経』を読誦《どくじゅ》して国家鎮護を祈願しながら、ヲコト点、「いろは歌」、さらには五十音で書き表されるカタカナの誕生をここに刻んでいったのである。

色は匂へど

九八五（永観三）年に亡くなった比叡山延暦寺第十八代座主の慈恵《じえ》大師に次のような歌がある。

つらつらと、うき世の中を思ふには、
まじらざるこそ、まさるなりけれ。
見聞《みき》かでも、いはでもかなはざるものを、
うき世の中にまじるならひは、

つれもなく、いとはざるこそうかりけれ、
定めなき世を夢と見ながら。

なにかに似てはいないだろうか。……「いろは歌」である。

色は匂へど　散りぬるを
我が世誰ぞ　常ならむ
有為の奥山　今日越えて
浅き夢見じ　酔ひもせず

慈恵大師の歌と「いろは歌」はどちらが先行するのか気になるところだが、まずは「いろは歌」の解釈をしておこう。

「色は匂へど散りぬるを」とあるが、この「匂ふ」は視覚的に映ることを示し、現代語のような嗅覚《きゅうかく》的な意味ではない。「花の色は鮮やかに映えるけれども、（いずれは）散ってしまうものなのに」という意味である。

次の「我が世誰ぞ常ならむ」は、「私の生きているこの世で誰が一定不変であろうか、いや誰も一定不変ではない」。なお、「ぞ」は「それ」の「ぞ」と同じ語源で、古く奈良時代までは清音で「そ」という発音であったが、平安時代頃から次第に濁って「ぞ」と読まれるようになった。

「有為の奥山今日越えて」は、万物は何らかの原因があってこの世に存在しているという仏教的世界観に基づく。「有為」とは原因があることを示す語だが、ここでは、原因があって存在している万物を意味している。万物で満たされたこの世を一日生きることを山を越えることにたとえて、このように表現する。

最後の「浅き夢見じ酔ひもせず」は「はかない夢など見るまいよ、酔っているわけでもないのに」という意味である。

ちなみに、平安後期、新義真言宗の祖である覚鑁《かくばん》は『密厳諸秘釈《みつごんしょひしゃく》』の中で「いろは歌」を注釈し、これは世に「無常偈《むじょうげ》」として知られる『涅槃経』の偈「諸行無常《しょぎょうむじょう》、是生《ぜしょう》滅法《めっぽう》、生滅滅已《しょうめつめつい》、寂滅為楽《じゃくめついらく》（すべてのものは無常。生じては滅びる性質のものである。この生と滅を滅し終わって、生なく滅ないものを寂滅といい、これがすなわち楽、涅、槃である)」の意であると説明している。

空海の作ではない

では、「いろは歌」はいつ頃できたものか。吉備真備が作った、あるいは空海が作ったという伝説もあるが、明治以来、十世紀の後半というのが通説となっている。ただし、誰が作ったものであるかはよく分かっていない。

明治時代に「いろは歌」に関する資料を集めた大矢透博士は、ほぼ九七〇(天禄元)年頃から九八五(永観三)年頃の間に作られたのではないかと考えた。もし、そうであるならば、先に挙げた慈恵大師の「つらつらと、うき世の中を思ふには」という歌との前後関係はかなり微妙なものになろう。

しかし、ひとり、大正から昭和の初期を駆け抜けるように生きた国語学者、特に我が国の辞書史に対して非常に大きな業績を残した岡田希雄《まれお》は、この問題について興味ある論文を残している。

彼によれば、「いろは歌」の作成が空海によるという伝説は時代的に見てあまりに早すぎるが、作成は十世紀前半、それも九二七（延長五）年以前に遡《さかのぼ》るのではないかと言うのである。

それはある文献の発見に基づく。文献とは菅原道真の娘を妻とした宇多天皇の御子斉《とき》世《よ》親王が作った『梵漢相対抄《ぼんかんそうたいしょう》』で、五十巻にも及ぶサンスクリット語と漢語の対訳字書である。なんとこの字書が〈いろは〉引きで作られていたというのだ。

『梵漢相対抄』の著述がいつなされたかは明らかでないが、斉世親王は九二七年に亡くなっている。これが「九二七年以前」の根拠である。

もし、岡田希雄の説が正しいとすれば、遅くとも十世紀初頭には「いろは歌」が作られ、十世紀前半にしてすでに辞書を作る際の配列として利用されるまでに普及していたということになる。また、慈恵大師の歌は「いろは歌」の影響を受けて生まれたことになるだろう。

第七章　仮名はいかにして生まれたのか

実名は伏せて

〈ひらがな〉〈カタカナ〉のどちらにも、「仮名」という言葉がついている。鎌倉時代頃までは「仮字《かじ》」と呼ばれることもあったのだが、それはともかくとして、「仮名」とは、日本語が誕生してくる思想的な背景を非常に凝縮して示してくれる言葉である。

この章では、〈ひらがな〉と〈カタカナ〉がいかにして生まれ、日本語の世界にあってどのような機能を果たしているのかについて考えてみたい。

「名は以て体《たい》を正す」（『顔氏家訓』）という古諺《こげん》がある。これはモノが存在したとしてもそれに対して概念を直接意味する「名」がなければ、それを認知するにはいたらないということを言うものである。

つまり、親が子供に「名前」を授けるように、「モノ」に対して「名」をつけるというのは、「存在」を内的に概念規定する力を持つことである。無数にある世界の「実体」に対して、いかに「名」をつけるか。「名」によってそこに世界の一部が認識されることになれば、それは言葉という抽象化された記号によって「実体」を手中にすることになる。森羅万象に「名」をつけることによって人はそれを認識し、そして世界の構造を掌握して行こうという努力をするのである。

この「名」に対して、「字《あざな》」というものがある。ふつう元服をする際、実名の一部を使ったりはするものの、実名を伏せた名前で、一人前の人間としていかに社会的な力を発揮するかということを目的につけられる。「名」は肉親でなければ知ることはなく、普通には「字」で互いを呼び合った。

我が国においては、武士たちがこうした「字」を持つことは少ないが、中国の文人・武人たちは、たとえば、『三国志』で有名な諸葛亮の「字」が「孔明」、劉備の「字」が「玄徳」だったりと、必ず彼らは「名」とは別に「字」を持っていた。

日本では、こうした「字」こそ発達しなかったが、「あだな」を利用することによって「実名」を伏せるようにしていた。「桐壺」「葵上《あおいのうえ》」「紫式部」「清少納言」「鎌倉殿」「平朝臣」など、その人がいるところの場所、あるいは官職を取ってつけられたものが多い。

いずれにしても、古代の呪術信仰に基づくものである。「名」を呼ぶことはその人の魂に直接触れることだと考えられていた。つまり、「字」も「あだな」も、「名」という実体を守るために生まれたのである。今日でも、モンゴルでは悪魔や悪霊から子供を守るために、わざと「人間じゃない」「うんこまみれ」などという名前をつける風習が残っている。

漢字を簡略化する

それでは、「仮名」にはどうして「仮」という言葉がついているのか。当時「仮名」は別に「借字《しゃくじ》」という呼称もあったが、これは「漢字を借りる」という意味である。「仮」の意味が分かれば、「借」という字がつけられた意味も理解できるだろう。

漢字は、奈良時代以来、別名で「真名《まな》」と呼ばれていた。「真」とは「中身がいっぱいに詰まっている」という意味を本来持つ漢字であり、「仮」とは「中身のない見せかけの」という意味である。とすれば、「仮名」とは漢字の「真」の部分を捨て去った「見せかけの名前」という意味なのだろうか。

「仮名」の「仮」ということの意味を考えるにあたって、まず〈カタカナ〉と〈ひらがな〉がいかに作られたのか、いかにして「仮名」という名称になったのかを記したい。

漢字の一部を利用する

漢字が伝来する以前、日本には書き言葉がなかった。話をすることはできても、それを書き写すことができない。書く技術を持っていたのは中国大陸や朝鮮半島からやって来た帰化人たちである。彼らが使う「漢字」は、素晴らしいことに、森羅万象を文字で記すことができる。それに対して、自分たちが使っている言葉は……。

たとえば「sky」をあらわすのに、当時、日本人は「あめ」「あま」「そら」「かみ」「たか」などといった言葉を使っていた。……しかし、書けない。

そこで困り果てた日本人を見て帰化人が言う。

「あれを、オレたちは『天』と書いているよ」

「そうか、最先端の国、中国では『天』と書くのか！」

と、取りあえず「あめ」「あま」「そら」を「天」と書くことにする。意味はある程度共通しているのだから、一応こう書くことで代用はできる。ではあるけれど、「天」では、これをその時々に応じて「あめ」「あま」「そら」と書き分けることも、読み分けることもできない。自分たちが話している通りに書けないものか……。そう彼らは長いこと悩んだに違いない。漢字の形を略することによって発音記号を作ろうとするより他なかった。

たとえば「菩薩」とよく使われる熟語を書くのに「艹艹」と草冠を二つ書いたり、「灌頂」を「氵丁」と書いたりする。これはすでに中国本土でも行われていた、漢字の一部を利用するやり方である。

また、日本語の音を分析することも必要であろう。これもすでに述べたように、後漢頃から次第にもたらされた仏教徒の業績が見事に生かされた。サンスクリット語などによって書かれた仏教経典を漢語に訳すために、彼らは漢字の音の構造を分析することが必要だったからだ。

「善を散じさせず、悪を起こさせない力」というサンスクリット語「ダラニ dharani」を「陀羅尼」、「無上正等正覚《むじょうしょうとうしょうがく》（悟り）」の意味の「アヌッタラ・サミャクサムボディ anuttara-samyaksambodhi」を「阿《あ》耨多羅《のくたら》三藐三菩提《さんみゃくさんぼだい》」と、意味ではなく音を漢字で書きあらわすやり方を、日本語の音をあらわすために同じように用いればいい。

すでに中国では六朝時代にはこうした漢字の音の構造に対する研究が行われるようになっていた。こうした技術が仏教とともにもたらされれば、日本語で「ア」と書くために「阿」が利用され、この「阝《こざとへん》」の部分だけを抽出して「ア」という記号へと変換させる簡略化の方法が可能であることを帰化人は示してくれたのかもしれない。

形として漢字の「片側」を利用するだけではなく、音としても漢字の一部分を利用している。例えば、当時の中国語で「テン」あるいは「ティエン」と発音されていた「天」の頭の音だけを使って「テ」の代用とする、といった具合である。これが「片仮名」と呼ばれる大きな理由だろう。

仮名の「仮」とは

これに対して、〈ひらがな〉とは漢字の草書体を利用して成立した方法であり、もとは、「草仮名」と呼ばれていた。ちなみに、〈ひらがな〉という呼称が起こったのは江戸時代になってからである。

「安」が「あ」、「以」が「い」……。いわゆる〈ひらがな〉が成立するのは、平安初期から中期、九四五（天慶八）年没の紀貫之よりやや早い時期だとされる。ちなみに、平安中期以後、和歌、日記、物語など、日本独自の文化を形成していく女性たちに浸透する頃には、すでにどういう漢字から〈ひらがな〉が作られたのかはもう忘れられてしまっていたようである。

まず言葉を書く術《すべ》がないところに漢字が伝来し、やがて漢字の形の一部を利用して〈カタカナ〉が、全体をデフォルメした草書体を利用して〈ひらがな〉が、新しい我が国独自の文字となっていったのである。

漢字の意味や発音を捨て去った「見せかけ」の部分を使うからこそ、我が国独自の文字は「仮名」という名称で呼ばれることになったのである。

ただし、言葉の機能、または言語の文化史という点からすれば、特に〈カタカナ〉の方は、「片側」という意味以外にも他に理由があるような気がする。というのは、現在「ア」は「阿」の「こざとへん」部分から、「イ」は「伊」の「にんべん」部分からできたと教科書などで習うが、「ケ」は「介」、「チ」は「千」など、漢字の全体を使って書かれるものがあるからである。これは「片側」という原則に従っていない。

〈カタカナ〉それぞれの元になった漢字が示されたのは、はるか後の文部省の小学校令で、一九〇〇（明治三十三）年になってからのことであった。しかし、これは代表的なものを教科書としてまとめたものにすぎない。

たとえば「セ」は「世」だけではなく、「西」と書かれたこともあったし、「ネ」は「根」「祢」「子」「年」などが使用されたりするなど、複数の書き方も行われていた。こうした〈カタカナ〉のもとになった漢字は、時代を遡れば遡るほど、バリエーションに富んだものとなっていく。

ここから考えるに、仮名の「仮」というのは、もしかしたら、「同じ発音をするものであれば何でも仮に借りて使う」という意味であったのかもしれない。

姿だけは漢語

漢字で書かれたものを女性が読むことを忌《い》む慣習があった平安時代、〈カタカナ〉は男性が漢文を読むための補助記号として発達している。

こうした目的で作られた〈カタカナ〉は、古くは「豆仮名」とも呼ばれていた。漢字の三分の一内外の大きさで、これを漢字の側《そば》に記して、読み方などを書いていく。

本来これは、仏教の経典や漢文を訓読して行くための補助手段として産み出されたものであった。漢字の形をうまく利用して作られた文字だけに、一見すれば中国語を母国語とする人たちが漢字で注を施した姿に見えただろう。……本当は日本語として書いているのに、姿だけは漢文。「見せかけ」という「仮」の漢字の意味は、こうしたところにもあったのではないか。

ところで、和歌というものは基本的に漢語を利用せず、「大和言葉＝和語」を使って作られるものである。これが日本語の語彙を発達させる大きな原動力となったことは言うまでもない。漢字から作られたものとは言え、次第に日本語らしい優しさを帯びた自分たちの文字で、物語なども産み出されていく。

「和語」対「漢語」、「平仮名」対「片仮名」という意識は、すでに『堤中納言物語』の「虫めづる姫君」の一編のなかにもよく現れている。

ある上達部《かんだちめ》の御子、右馬佐《うまのすけ》が帯の端をヘビの形に作って動くように仕掛けて「虫めづる姫君」へ贈った。そのお礼に彼女は、ゴワゴワした固い紙に〈カタカナ〉で返歌を書き送る。これに悪戯心をそそられた右馬佐は、女装して彼女をうかがいに行く……という話の中で、右馬佐は「いとめづらかに、さま、ことなる文かな（非常に奇妙な、ふつうではない書き方だなあ）」という感想を述べるところがある。

もちろん「さま、ことなる」と感じたのは、和歌を書くのに固い紙を使ったこと、奇妙な歌いぶりという理由もあろう。しかし、〈カタカナ〉で和歌を書くというのは、当時としてはまったく常識外のことであった。

外来語を消化する過程で

すでに言語学者亀井孝氏によって提起されたことではあるが、「片」という漢字には「不完全、不整備」という意味があって、〈カタカナ〉で書かれたものは、何かしらしっくりしない、日本的なものとは認めがたい意識の表れに他ならないという感じが伴う。和歌は必ず「草仮名」つまり〈ひらがな〉で書かれるという規範がなければ、紀貫之の筆跡とされる「高野切《こうやぎれ》」や「寸松庵色紙《すんしょうあんしきし》」といった仮名の書芸美は、決して産み出されなかったに違いない。

「てんぷら」「じゅばん」……。これらは一見古くからあった日本語のように思われる言葉であるが、実はともに十六世紀頃に輸入されたポルトガル語である。ただ、これらが日本語として使われ始めたとき、いずれも初めから〈ひらがな〉で書かれたわけではない。万葉仮名と同じ方法でそれぞれの音に漢字を宛てて「天麩羅」「襦袢」などと書かれ、その右横に〈カタカナ〉でそれぞれの読み方がつけられるような書き方がされていた。

もともとは外国の言葉であるという意識のもとに漢字で書かれ、そこに日本語としては不完全ないし不整備なものをあらわす〈カタカナ〉で読み方が付され、次第に生活の中に滲透して日本語化することによって、ようやく〈ひらがな〉で書かれるようになったのである。

「かわら（瓦）」「だんな（旦那）」という言葉が、仏教文化と一緒に入って来たサンスクリット語だということをどれだけの人が知っているだろうか（異説もある）。いずれもサンスクリット語から漢語に音訳され、そして〈カタカナ〉や〈ひらがな〉へと変貌し、日本語としてなくてはならない言葉として残ったのである。

〈カタカナ〉とはつまり、外来語を借用することが多い日本語では、それを消化する過程としてなければならない記述記号だったのである。

第八章　明覚、加賀で五十音図を発明す

現存最古の五十音図は

奈良の西大寺で一〇七九（承暦三）年に書き写された『金光明最勝王経音義』に「いろは歌」と五十音図の原型が掲載されていることはすでに述べた。

そこには「五音」として、

ラレロルリ　ナネノヌニ　マメモムミ　アエオウイ　ワヱヲフヰ《ママ》　ヤエヨユイ（濁音がない列）

ハヘホフヒ　タテトツチ　カケコクキ　サセソスシ（清濁両方がある列）

が挙げられ、「五音は又この様にも記される」として、

ラリルレロ　ワヰフ(ママ)ヱヲ　ヤイユエヨ　アイウエオ　マミムメモ　ナニヌネノ
ハヒフヘホ　タチツテト　カキクケコ　サシスセソ

と挙げられている。

五十音図のさらに原型ということになれば、十一世紀初めの醍醐寺蔵『孔雀経音義』がある。ただ、これには四十の音しか挙げられていないから「五十音図」とはいいがたいが、それでもこれは「現存最古の五十音図」ともいえるもので、『金光明最勝王経音義』よりおよそ七十年ほど遡ることができる。そこではこんな風に言葉が並んでいる。

呬《き》キコカケク　四《し》シソサセス　知《ち》チトタテツ　已《い》イヨヤエユ
味《み》ミモマメム　比《ひ》ヒホハヘフ ヰヲワヱウ　利《り》リロラレル

五十音と言っても、我々が習う「アカサタナハマヤラワ」の順ではじめから並んでいたわけではない。今日と同じ「五十音」の順列は、実は江戸時代になって確立されたものなのである。

ただ、子音と母音の組み合わせによって日本語の音韻体系が成り立っているということを「五十音の図」として説明し、今日の五十音図につながる基礎を築いたのは、平安時代の中期、加賀（現・石川県加賀市）の薬王院温泉寺《やくおういんおんせんじ》にいた天台宗の僧、明覚《みょうがく》（あるいは「めいかく」とも。一〇五六〜？）である。

彼が作った「五十音図」は、江戸時代まで、「五音《ごいん》」、または「五音図」などと呼ばれた。これはもともと漢字の発音を示すための「反切法」を図で表したもので、中国や朝鮮半島、ヴェトナムなどの漢字文化圏で使われていたが、明覚はさらにそれを進めて日本式に解説するために考案したのである。

「反切法」とは、すでに述べたように、「漢字の読み方を漢字で示す方法」で、我が国でもその方法はすでに漢字の字書『玉篇』によって学んでいた。だが、「反切」は中国語の発音を漢字で示すものであって、日本語の発音を示してくれるものではない。

そこで明覚は、「反切法」を参考にして日本語の発音に合致するような「五十音図」の発明を手がけたのである。彼が生きた平安時代の末期、すでに遣唐使は廃止されている。中国から得られた膨大な知識は、日本の風土のなかで、より高度に熟成する時代を迎えていたのであった。

日々研究に没頭

明覚についての詳しい経歴は、ほとんど判明していない。

比叡山に入り延暦寺で天台宗を学んだ明覚は、最初、覚厳《かくげん》という僧侶に師事して天台教学を修め、五大院を開創した僧侶、安然《あんねん》（生没年不詳）に私淑して「悉曇学《しったんがく》」の研究を重ねたとされる。悉曇学とは、中国から渡来した学問で、インドで書かれたリンスクリット語によるオリジナル仏教経典を読解するためのものである。

明覚は、その後比叡山を下り、加賀の薬王院温泉寺にあって、悉曇学を極めて行く。薬王院温泉寺は、聖武天皇による東大寺の大仏建立の際、資金調達に奔走し、さらに貧民救済や土木工事を立ち上げて治水などの社会活動に奉仕した僧、行基《ぎょうき》による開山で、第六十五代花山天皇の勅願によって、七堂伽藍が建立された地としても有名である。

中国で高度な音韻学的研究がなされていた悉曇学を日本にもたらしたのは、すでに詳しく触れた空海である。彼は八〇四（延暦二十三）年に中国に留学した折に悉曇学を学び、帰国後の八一四（弘仁五）年には、日本の言語学史上偉大な業績のひとつとされる日本で初めての梵和辞典『梵字《ぼんじ》悉曇字母《しったんじも》并《ならびに》釈義《しゃくぎ》』を編纂する。

空海による『梵字悉曇字母并釈義』によって、日本での悉曇学研究は、盛んになってゆく。そして、比叡山では、空海の著書の影響も受けながら、八八〇（元慶四）年、安然によって悉曇学の集大成『悉曇蔵《ぞう》』と『悉曇十二例』が完成する。

この書にはサンスクリット語のみならず、中国音韻学についての検証が詳細に記され、さらに、中国語だけではなく日本語もサンスクリット文字による表記が可能であることが明らかにされていた。

そして、安然の研究を発展させたのが、この明覚だったのである。

なぜ薬王院温泉寺に

鎌倉時代に作られた『読経口伝明鏡集《どきょうくでんみょうきょうしゅう》』には、明覚の次のような説話が記されている。

平安後期の堀河天皇の時代、異国から来朝した人々のなかに、まったく意味の分からない言語を話す僧侶がいた。

異国がどこであるのか、また、言葉は何語のごときであったのか、説話のなかには記されていないが、しかし天皇はこの僧侶の言葉を理解しようと望まれた。そして、急遽《きゅうきょ》朝廷に呼び寄せられたのが、明覚であった。加賀の薬王院温泉寺から馳《は》せ参じた明覚は、天皇の御前で、異国の僧侶と半日に及ぶ問答を命じられた。朝廷にいた誰ひとりとして、この異国の僧侶の言葉について、片鱗《へんりん》さえ理解できなかったのだから、中国や朝鮮の人ではなかった。この外国僧の言葉はサンスクリット語だったのである。

この日の出来事に喜んだ堀河天皇は、中国の高僧、不空《ふくう》が「不空三蔵」と名付けられたことを模して、明覚を「明覚三蔵」と呼ぶようになったとされる。

なぜ明覚は京都からさほど遠くはない加賀の薬王院温泉寺に住んでいたのだろうか。

悉曇学の研究に没頭していた明覚が、天皇の命令にすぐに応じられたのは、地理的な近さのためだが、薬王院温泉寺という場所は、悉曇学の研究に没頭できると同時に、当時の日本の中心である京都の政治状況の変化も、かつまた新しい文化の隆盛も、さらには言語の変遷をも肌で感じ取ることができる場所だった。

比叡山延暦寺という宗教と学問の砦《とりで》から離れることにより、天皇や貴族から一般の庶民に至るまで、人々がどのような言葉を使っているのかを明覚は観察できたのではなかっただろうか。

彼には、平安中期、自分が生まれる前に没した源信《げんしん》が九八五（寛和元）年に著した『往生要集』が多くの民衆に受け入れられ、末法思想が形成されて、浄土教へと続く大きなうねりも見えていただろう。

このような時代にあって、悉曇学の研究に没頭するという行為は、一見すれば、時代錯誤に思えなくもない。中国で研究された悉曇学については、学問的には、平安時代の初期から中期にかけて、空海や安然によってすでにある程度まで研究がなされていた。にもかかわらず、明覚を悉曇学の研究に走らせたのは、日本語がそれまでの表記法ではうまく書き表せない状態に突入していたからにほかならない。つまり、明覚の悉曇学研究は、本質的には日本語による仏教の理解に向けられていたと思われる。

まさしくこのとき、我々が見慣れている「五十音図」は、加賀の薬王院温泉寺から生まれようとしていたのである。

五つの母音を決める

平安時代中期、日本語は、話し言葉と書き言葉の乖離《かいり》によってすでに混乱が起こっていた。

たとえば、「治」という言葉は通常「ヲサム」と書かれていたが、明覚が生まれる五十年ほど前の一〇〇二（長保四）年に石山寺で訓読された『法華義疏《ぎしょ》』では「オサム」と書かれており、「ヲ」と「オ」が混同されるようになったことを示している。また「故」という言葉も「ゆゑ」と書かれていたものが「ゆえ」というふうにも書かれてしまう。

こうした言葉の揺れがなぜ起こったのかを知り、またどのように書くのが正しいのかを判断することは、誰にもできない。これは現代日本語の「ら抜き表現」がなぜ起こったのか、どう書けば正しいかの判断がなかなかできないのと同様である。

しかし、もしこうした書き方をアルファベットのような表音文字で書いてみたらどうであろうか。もしかしたら、悉曇学で漢語の発音の仕組みがわかったように、日本語も何か発音の仕組みがわかるのではないか。そしてそれを明らかにすることによってより深く日本語の仕組みを知ることができないか。

明覚は、『梵字形音義』という書物のなかで、梵字を知らなくては仏説を本当には理解することができないと述べ、また梵字や漢語の音を知る上においても日本の〈かな〉の優位性を説く。

そして、彼はこの〈かな〉を知るために『反音作法』という書物を記し、このなかで、彼は次のような五十音の配列図を示す。

アイウエオ
カキクケコ

ヤイユエヨ
サシスセソ
タチツテト
ナニヌネノ
ラリルレロ
ハヒフヘホ
マミムメモ
ワヰウヱヲ

説明は次のようなものである。

初めのアイウエオの五字はすべての文字に通用する音の響きである。アの字はハカヤサなどの響きであり、イはキシチなどと共通する。ウはクユスなどと、エ字はケセメなどと、オ字はコヨソと同じ響きである。一般の人々はこの五つの音の響きを知らないために多くの誤りを犯している。

そして、それを証明するために、彼はさらなる説明を加える。その説明をまとめると、左のようになる。

カ（クア）	キ（クイ）	ク（クウ）	ケ（クエ・キエ）	コ（クオ）
サ（スア）	シ（スイ）	ス（スウ）	セ（スエ・シエ）	ソ（スオ）
タ（ツア）	チ（ツイ）	ツ（ツウ）	テ（ツエ・チエ）	ト（ツオ）
ナ（ヌア）	ニ（ヌイ）	ヌ（ヌウ）	ネ（ヌエ・ニエ）	ノ（ヌオ）
ラ（ルア）	リ（ルイ）	ル（ルウ）	レ（ルエ・リエ）	ロ（ルオ）
ハ（フア）	ヒ（フイ）	フ（フウ）	ヘ（フエ・ヒエ）	ホ（フオ）
マ（ムア）	ミ（ムイ）	ム（ムウ）	メ（ムエ・ミエ）	モ（ムオ）
ワ（ウア）	ヰ（ウイ）	ウ（ウウ）	ヱ（ウエ）	ヲ（ウオ）
ヤ（イア）	イ（イイ）	ユ（イウ）	エ（イエ）	ヨ（イオ）

どうして日本語の音を示すのにカッコ内のような音を示すかというと、これは日本語

とサンスクリット語に共通の、「連声《れんじょう》」という、言葉がつながる場合に前の言葉の末尾の音によって後の音が変化する現象と関係がある。

安然以来、日本では革（カク）、掲（カツ）、狭（ケフ）のように語尾が「ク」「ツ」「フ」のように終わる語の音を「涅槃《ねはん》の音」、幸（カウ）、建（ケン）、欠（ケム）のように「ウ」「ン」「ム」で終わる語の音を「大空《たいくう》の音」と呼んでいた。

日本語の漢語の熟語では、こうした涅槃、大空の音の次にきたア・ヤ・ワ行音はマ・ナ・タ行音に変化する場合が多い。

たとえば、「いんえん（因縁）」が「いんねん」、「かんおん（観音）」が「かんのん」、「てんおう（天皇）」が「てんのう」と読まれるような場合である。当時の悉曇学者は、このようにサンスクリット語の方法から学んで、日本語の音韻の変化を説明しようとしたのである。

こうした「連声」は、江戸時代になると京都や江戸ではほとんどなくなってしまうが、平安・鎌倉時代は非常に頻繁に起こっていた。その説明をするために明覚によって考え出されたのが五十音図なのである。

明覚は『悉曇要訣《ようけつ》』で、日本では「ききて（聞きて）」を「聞いて」と言い、「指して」を「指いて」と言い、「みの（蓑）」を文字を知らない人が「ニノ」と発音しているなど、多くの例証を引いて、この「連声」や音の変化を説明している。

ただ、この五十音図を見てもわかるように、この並び方は現在我々が小学校で習う「アカサタナハマヤラワ」の順番ではない。

これもまた、悉曇学と関係がある。

「カ」行は「牙音《がおん》」と呼ばれ、喉《のど》の入口のところで発音されるもの。「サ」行は「歯音」、「タ・ナ・ラ」行は「舌音」、「ハ・マ」行は「唇音」である（ハ行の音は現在の日本語では喉の奥から出されるが、この当時は上下両方の唇を合わせて息を吐き出しながら「ファ、フィ、フゥ、フェ、フォ」と発音されていた）。

そして「ワ・ヤ」行は「喉音」と呼ばれるもの。

つまり、この五十音の配列図は、悉曇学でのこうした発音の枠をそのまま使って書かれた結果なのである。

「法華経」を読経するために

日本語が急激な変化を遂げると同時に、人々は「連声」のような日本語独特の音の変化によって乱れた発音をするようになっていた。たとえば「こんにちは」という言葉も「コンニッタ」、「ひとつを」が「ヒトット」、「御入り候《おんいりそうろう》」が「オンニリソロ」などと発音されるようになるまで崩れていたのである。

こうした日本語の揺れは、宮中などより民間の方からわき上がってくる。これがもっとも大きいうねりとなったものが芸能に見られる言語である。

「芸能」とは、もともと学問的な技能を指すものであった。それはたとえば鎌倉時代、順徳院によって書かれた『禁秘抄《きんぴしょう》』に「芸能とは、第一に学問のことである。学問をしなければ古くからの道を明らかにすることはできず、政治を行い太平の世の中を作ることはできない（大意）」と書かれていることによっても知ることができる。

そして、こうした芸能のひとつとして、「法華経」を寺院の僧侶だけでなく民間の俗人たちが読経《どきょう》するという芸能が「読経道」として出現する。

「法華経」を読経することによって救済されるという思想は、聖徳太子による『法華義疏』に遡り、最澄を経て、日蓮などによって広まって行くが、はたして音便などによって日本語が急激に変化を起こしていた平安後期から鎌倉時代、正しく「法華経」の読経を人に教えることができるかどうかは大きな問題であったはずである。

ところで、江戸時代頃まで明覚の著書と信じられていたものに『法華秘中略歎抄』という本がある。おそらく鎌倉時代中期の作と思われるが、明覚に連なる弟子によって著されたものであることは確かである。このようにして師伝が遺されたことは、そうしなければ教えというものが霧散してしまうことを経験的に知っていたからに違いない。

この書物は、実は、師の明覚より、より詳細に発音の微妙な点を検証しようとしたものであった。しかし、その検証は、ある程度までは成功しているが、完全にはできなかった。なぜなら、この書はあまりに複雑な現象を追い求めすぎ、そしてそれを再構成することができなかったからである。

しかし、『法華秘中略歎抄』の例でもわかるように、この時期から室町時代までに、「法華経」を読経するための発音を解説した本が多く書かれた。こうした芸能の中から生まれてきたものに能や狂言などがあり、室町期の日本語を形成していく原動力となっていく。

いずれにしても、平安末期という時代にあって、明覚が〈カタカナ〉によって、話し言葉を文字として示すことに成功したことに端を発しているのである。

第九章　藤原定家と仮名遣い

歌学者たちの考察

勅撰集の『古今和歌集』『後撰和歌集』『拾遺和歌集』を「三代集」、これにつづく『後拾遺和歌集』『金葉和歌集』『詞花和歌集』『千載和歌集』『新古今和歌集』までを含めて、「八代集」という。

『古今和歌集』の成立は、先に触れたように、平安京遷都から数えておよそ百十年後にあたる九〇五（延喜五）年である。『新古今和歌集』は鎌倉幕府が成立してまもなく、一二〇五（元久二）年に撰進された。この間約三百年、三十年から四十年のスパンで次々に勅撰集が作られたのはなぜなのだろうか。

ひとつ考えられるのは、こうして歌を集めながら、彼らは歌の言葉についての整理をして行ったのではないかということである。

前章で述べたように、平安時代中期から鎌倉時代にかけて、日本語は大きな変化を遂げようとしていた。

藤原範兼の『和歌童蒙抄《わかどうもうしょう》』という歌学書には、歌を分析しながら、明覚と同じように日本語の音韻について述べている部分が多く見られる。

たとえば「うなはらをやそしまかくりきめれともならのみやこはわすれかねつも」という歌の「かくり」という言葉は「隠れ」という意味である。なぜなら「り」と「れ」は音韻の変化によるものだからである。また「あさかすみかひやかしたになくかはつこゑたにきかはわれこひめやも」の「かひ」は本来「かは」と書かれるべきものであるが、「ひ」と「は」は転用が起こるものである、などと記している。また、これによれば、「さ」と「し」、「ち」と「つ」、「は」と「ひ」、「り」と「れ」、「う」と「を」は歌によっては同音として処理されることがあるというのである。

「けけれなく」という言葉は「こころなく」という意味で、甲斐の国の方言であるなど、日本語における方言についても、一一五〇（久安六）年頃に書かれたと考えられる藤原清輔の『奥義抄』に記されている。

そして一一七七（治承元）年に書かれた藤原教長《のりなが》の『古今和歌集註《しっちゅう》』はさらにこうした考えを推し進め、「ラレロルリ」「カケコクキ」という順番で五音を挙げ、和歌の言葉の解説をする。

さらに、清輔の弟、顕昭《けんしょう》法師は『袖中抄《しゅうちゅうしょう》』や『日本紀歌注』でこの教長の説を援引しつつ、「ハヘホフヒ」「ラレロルリ」「ナネノヌニ」「カケコクキ」はそれぞれ同じ五音の組織で成り立っているという。

悉曇学を用いた明覚の日本語への考察の流れは、この時期になるとすでに歌学者にも及んでいたに違いない。

御子左家の一人として正統を問う

歌学において、「仮名遣い」を整理しようとしたのが藤原定家（一一六二〜一二四一）という一人の天才であった。

しかし、天才であったことで、彼はひとつの過ちに陥ったのではないか。日本語の変化を、定家は自分の天才で食い止めることができるのではないかと考えたように思えるのである。

言語は変化する。それは国家の力をもってしても、決して食い止めることはできない。しかし、定家はそれができると考えた。少なくとも和歌の世界では言語を閉じこめたまま保存することができるに違いないと考えていたように思われる。

十七歳の時、定家は賀茂別雷社《かもわけいかずちしゃ》歌会で作った三首が入選して歌壇に登場した。父親は『千載和歌集』を編んだ大歌人、藤原俊成である。俊成は古典を踏まえた歌風を確立し、当世風な六条流の歌風とは一線を画したことで知られ、『古来風躰抄《こらいふうていしょう》』という歌論を残している。

定家の天才もあったのだろうが、やはりこうした伝統的な歌に対する意識は父親の影響によるところが大きいと言えるだろう。

彼は歌壇に登場すると同時に、『和歌会次第』という書を著している。これは和歌会での着座の礼儀、題目の書き方、和歌の書き方などの作法や心得を書いたものである。

それからあまり時を経ずして、『僻案《へきあん》』（別名『下官集《げかんしゅう》』）という書物を著している。こちらは、歌書や物語、日記などの仮名文学を書写するに当たっての心得や作法を記した覚え書きである。これらによって我々は当時の和歌会のあり方や定家の言葉に対する意識を知ることができる。

さて、この『僻案』には「当世の人の書く文字は乱れ、古人が用いてきた書き方を誤って書いている。私はこれを心中非常に不満に思う」（大意）と記されている。

そして、彼は「を」で書くべき言葉として、「をみなへし」「をとは山」「をぐら山」「たまのを（緒）」「をざさ（小笹）」などを挙げ、「お」で書くべき言葉として、「おく山」「おほき（大き）」「おもふ（思ふ）」「おしむ（惜しむ）」「おどろく（驚く）」などを挙げる。

実は、平安時代後期にはすでに「お」と「を」は、助詞の「を」を除いて、京都では同音になってしまっている。しかし、定家は発音が時代を経て変化するものだということを知らなかった。自分が生まれるより以前に書かれた書物を見ると、なぜ「を」と「お」が書き分けられているのか……。彼はそうした疑問を持ったのである。それは、もちろん、藤原長家からはじまる御子左家《みこひだりけ》という歌学を宗《むね》とする「家」の伝統を守るためである。

「世上の乱逆、追討、耳に満つと雖《いえど》も之を注せず。紅旗征戎《こうきせいじゅう》吾が事にあらず」とは、政治に関わることを一切否定して歌の道を進んで行った定家の言葉である。日々、目の前を殺人、収賄、汚職などというニュースが流れていく。そんなことには無頓着。誰が誰と戦って誰が勝ったかなど、知ったことではない……。流れていつか消え失せる浮世の話より、もっと本質となるものが定家には問題だった。

その本質とは、彼にとっては「和歌」である。それでは、彼にとっての「和歌」とはどのようなものだったか。

『古今和歌集』を二十数回も写した定家にとって、その「序」は読むたびに写すたびに、和歌の源流を思い起こさせたに違いない。

「やまと歌は、人の心を種として、よろづの言の葉とぞなれりける」という言葉で始まり、「たとひ時うつり事さり、たのしびかなしびゆきかふとも、この歌の文字あるをや（時が遷り、栄枯盛衰がこもごも訪れようとも、この歌の文字だけはきっと永続するであろう）」という『古今和歌集』の序文は、神代の時代から説き始めて『古今和歌集』編纂までの日本語の厚みを描き出す。

そうした言葉を統括しているのは誰かというと、それは天皇なのである。だからこそ、天皇の命によって、和歌の専門家が数千数万の歌のなかから特にすぐれた歌を選《え》りすぐる。そして勅撰集に入ること、また入る数によってその歌人の評価が高まり、同時にこうして選ばれた言葉が天皇の言葉を作ることになる。

そんな言葉が揺れてしまっては困る。御子左家の一人として、定家がどのような言葉をどのように書くことが正統なのかと問うたのは当然のことだった。

「れいぜん」が「れいぜい」に

たとえば、『古今和歌集』巻七には次の歌が載せられている。「君が代」のもとになった歌である。

わかきみは千世にやちよにさざれいしの　いはほとなりてこけのむすまで

ここに挙げた歌は、定家が一二二三（貞応二）年に筆写した『古今和歌集』の本文から取ったものである。だが、本によっては、

わかきみは千世にましませさされいしの　いはほとなりてこけのむすまで
わかきみは千世にやちよをさされいしの　いはほとなりてこけのむすまで
わかきみは千世にやちよにさされいしの　いはほとなりてこけむすまでに

などと写されたものもある。

さてどれが最も正しいのか……。読人知らずとあれば、作者に質問をするわけにもいかない。

平安時代末期には、言葉の変化がかなり起こっている。

たとえば「冷泉」が「れいぜん」と読まれていたのが、「れいぜい」と読まれはじめたのもこの頃である。「天気」もこの時期は「てんき」ではなく「ていき」と言われていた。漢字で書けばどのように読もうが意味は通じるのに、〈ひらがな〉で書かれてし

まうとなにがなんだか分からなくなってしまう。

〈ひらがな〉で書いても意味がわかるようにするためには、やはりその書き方の規範がどこかで作られなければならなかった。

揺れる解釈をも含めて

濁音や拗音にして読めば解釈が変わる歌はたくさんある。もし、定家のような人物で、もっと極端に解釈を定着させようとする人があれば、和歌にももしかしたら拗音や濁音を持ち込むことだってできたはずである。

しかし、それをしなかったのは何か理由があったのであろう。

和歌は揺れる解釈をも含めて和歌である。……そういう共通認識があったと考えられはしないだろうか。

日本に最初に伝わった書物は『論語』であるという伝説を先に述べた。

中国の古典には句読点がない。『論語』も、そして仏教の経典も、句読点は一切打たれていない。『論語』などは特に、なんとでも解釈できるところが多くある。

たとえば、開巻第一「学而篇」の「有朋自遠方来」という文章は古来、「朋有り、遠方より来たる」という解釈と「朋、遠方より来たる有り」との二つの解釈がある。こうした解釈の揺れを、もちろん人はできるだけなくそうとしただろう。しかし、これらの解釈のうち、どちらが正しいと証明することができるだろうか。

解釈は時代によって変化する。梁の時代に書かれた皇侃《おうがん》の『論語義疏《ぎそ》』と、定家が生まれた時代に読まれ始めた宋の邢昺《けいへい》の『論語正義』と、それからまもなく作られる朱熹《しゅき》（朱子）の『論語集註《しっちゅう》』では、この部分の解釈は完全に違っている。……どれが正しいと、日本人の誰が言えるだろうか。これらの解釈は、長い歴史を持った中国人の、しかも中国のそれぞれの王朝で公認された解釈なのである。

我々現代人は、分析と再構成によって真実を知ろうとする近代科学という思想の上に立っている。しかし、古代の人々はこうした近代科学の方法を知らなかった。積み上げられた経験から直観的に真実を知るという方法によって彼らは物事を考えていた。

和歌にこうした言葉の揺れを認めることは、まさに訓練によってしか解釈されない世界があることの証である。

そしてその訓練の中心を支えていたものこそが、天皇であり、その天皇が勅命で作らせる勅撰和歌集であった。

濁音、拗音などを排除している「いろは歌」は、こうした解釈の揺れをも容認する日本語のもっとも中枢を示すものであったのだ。

あの定家でも

定家の仮名遣い研究は、実は発音の変化が起こっていることを意識して書き分けを問題にしたわけではなかった。

どうやって書き分けていいのかわからない。古代の文献を見ていると、自分が同じ発音だと思っているものが書き分けられている。どんな理由があったのだろう。

彼はそう考えていた。

そこで思い及んだのが、アクセントである。

平安時代末期に作られた『類聚名義抄《るいじゅみょうぎしょう》』という漢和字書には、それぞれの言葉のアクセントが記号で書き示されている。技術的には、中国語に「平・上・去・入」という四つのアクセント（四声）があって、それを記号で示すことに倣ったものであるが、中国語のそうした影響がなくても、時代はアクセントに目を向けるようになっていたと思われる。

先に述べたように、「法華経」の読経が拡がって行ったこと、また鎌倉に幕府が置かれて東国方言が京都に多く流れ込んだことがその大きな原因であろう。

中国では「雅言」という言い方で、秦の始皇帝や漢代の初めからすでに共通語を作る意識が芽生えていた。統一王朝として中央集権化が行われれば、当然こうした共通語の普及ということが行われる。

日本の場合も奈良時代、律令制が整った後、漢文によって文書を書く機関として全国に国学が置かれたのは、こうした中央集権化の体制を維持するためであった。公式文書は漢文体で書かれなければならないという伝統は、奈良時代以来、第二次世界大戦が終わるまでずっと続いていくことになる。

だが、こうした伝統とは別に和歌があることも確かである。すでに述べたように、和歌は中央集権のもっとも核心のところに置かれており、日本の文化の根元である。

鎌倉に幕府が開かれると、三代将軍源実朝をはじめとして多くの武士階級の人々も、和歌を習い始める。京都の言葉と各地の方言が入り乱れることになるが、基本的には和歌は京都の言葉で作られなければならない。「雅言」とは、首都の言葉なのである。

また、和歌は当時、もちろん短冊や色紙などに書かれる視覚的芸術でもあったが、それ以上に歌会などで声に出して朗詠される聴覚的な芸術としての方が基本的であった。方言による名詞の違いは単に置き換えればすむのに対して、朗詠というところからすれば、アクセントの差異はどうしても解消されなければならなかっただろう。

定家の『僻案』に示された「を」と「お」の書き分けは、古代における「を」と「お」の音韻的差異による書き分けを研究したものではなく、このアクセントにおける高低の差だという認識に立って彼の立場（つまり京都の方言）から行われたものであった。

しかし、アクセントとて、時代が変われば変化するし、同じ言葉でも別の言葉とくっついてしまえばそのままのアクセントを保つとは限らない。

後の話であるが、南北朝時代、第九十八代、南朝第三代の天皇である長慶天皇は、『源氏物語』の注釈書である『仙源抄《せんげんしょう》』の跋文《ばつぶん》に「定家の仮名遣いは四声（アクセント）

によるものでもなく、語の意味によるものでもない。何を基準にして決めたのか、私には全然わからない」（大意）と述べる。

定家の時代から二百年近く過ぎ、アクセントにも変化があったことを知らない長慶天皇にとって、定家の判断が那辺《なへん》にあったかは理解できることではなかった。

言語は変化する

定家の後、日本語はさらに発音に大きな変化が起こり、「ゑ、ゑ、へ」、「ひ、い、ゐ」の区別がなくなり、さらに江戸時代には「ぢ」と「じ」、「づ」と「ず」の区別もなくなってしまう。

また、室町時代の末頃には、「シュ」という音が「シ」という発音になっていた。たとえば、かつて東京の多くの人は「新宿」を「シンジュク」とは発音せず、「シンジク」と発音していたとされるが、こうしたことはすでに室町時代末にもあったのである。

江戸時代前期の一六五〇（慶安三）年に刊行された安原貞室の『かたこと』によれば、

京都では「珊瑚珠《さんごじゅ》」は「さんごじ」、「手裏剣《しゅりけん》」は「しりけん」と発音されていたらしい。

また、江戸の言葉について、三浦庚妥の『音曲玉淵集』には、『主』の字を『詩』と混同して発音しないようにしなければならない」と記されており、式亭三馬の『浮世風呂』には、上方の女性が江戸の言葉をバカにして「そうそう、江戸の人は百人一首を〈ひゃくにんいっしゅ〉と言えずに〈ひゃくにんし〉と言っているわ」(現代語訳)という言葉が見える。

言語は変化するものである。だが、変化と言っても、「言語の経済化」とも言われるように、複雑な発音は簡単になろうとするのが常である。

先に述べたように、日本語も古代にあっては「え」と「ゑ」と「へ」がそれぞれ異なる音であったにもかかわらず、約千年後にはそれらが同じものになってしまう。

こうした現象は英語やフランス語でも同じように起こっている。日本語だけに特別に起こる現象ではない。

しかし、今日のように変化の過程を国際表音記号で詳しく表記でき、しかも外国語にも同類の変化があったことを知ることができるようになったのは、明治以降になってからのことである。

言語の変化を知らず、国際表音記号がまだなかった時代、発音の区別が多くあった奈良、平安の文献を見てどの書き方が正しいのかを研究することが非常に困難であったのは、想像するに難くない。

体言から用言へ

どのように書くのが正しいのかという問いは、定家以降も続けられる。そして、南北朝、室町時代の言語の研究を通じて、次第に定家の仮名遣いに対する考えが疑問視されていくのである。

定家は和歌の言葉の揺れを『僻案』に書きつつ、『源氏物語』の校訂にも力を注いでいる。彼が生きた鎌倉時代には二十一種の『源氏物語』の写本があったとされるが、それらの本文を比較し、現在「青表紙本」と呼ばれる『源氏物語』を作り出す。

その『源氏物語』について言うなら、定家より一歳年下の源光行は、定家の「青表紙本」とは別に「河内本」という『源氏物語』の校訂を息子の源親行《ちかゆき》とともに行っている。

この河内本の源親行は、定家の勧めによって仮名遣いの書を著したというが、残念ながらこれは残っていない。ただ、それを増補して『仮名文字遣』を著したのが源親行の孫の知行《ともゆき》、出家して行阿《ぎょうあ》（生没年不詳）という法名を持つ鎌倉時代の僧である。この研究は、「行阿仮名遣い」と言われたり、「定家仮名遣い」と呼ばれたりもする。

「定家仮名遣い」と呼ばれるのは行阿が定家の仮名遣いに従ったからであるが、定家からはすでに百年ほどの隔たりがある。言葉はさらに簡略化し、揺れは激しくなっていた。「行阿仮名遣い」と呼ばれるのは、こうした変化によって定家の仮名遣いとはやはり異なるものに仕上がっているからである。

ただ、この書には、わずかではあるが、それまで触れられたことがなかった動詞の活用について書かれている部分がある。

ちなみに、行阿は、一三五六（正平十一／延文元）年に『菟玖波集《つくば》』などを編集して連歌の大成者と呼ばれる二条良基に『源氏物語』の奥義を伝授した人物である。

五十音図は、この二条良基によって初めて今日と同じような「アカサタナハマヤラワ」という形で並べられた。しかし、現在のような五十音図が完成するのは江戸時代であると先に記したように、これは偶然このように並べられたようである。それまでの並べ方は流動的で、「アタナカマサラハヤワ」(『掌中歴』)や『アカタラサハナワマヤ」(『懐中歴』)などのように並べられたものが多い。

ただ、仮名遣いが体言を対象としただけのものから、次第に用言をも対象とするようになることによって、五十音図は次第に現代のそれに近い形に整っていくのである。

「行」という考え方

室町時代に「日本無双の才人」と評された人がいる。二条良基の孫、一条兼良(一四〇二〜一四八二)である。彼が生きたのは、戦国時代のきっかけとなる「応仁の乱」が起こった時代だった。

一条兼良は、みずから菅原道真以上の学者であると豪語するほど学問が幅広く、有職《ゆうそく》故実《こじつ》や、和歌、連歌、能楽などにも詳しかった。また思想においても、神道や仏教のみならず、朱子学などにも影響を受け、「三教一致」を説くなどしている。

著書に『日本書紀纂疏《さんそ》』、源氏物語の注釈書である『花鳥余情』などがあるが、『仮名遣近道』という書を著し、これには動詞、形容詞などの活用についての見解がある。たとえば「見ゆ」という言葉は「見え」「見へ」「見ゑ」と諸書に書かれているが、動詞の活用という点から言えば、次のようになる。

見え・ず　見え・たり　見ゆ　見ゆる・とき　見ゆれば　見えよ

この「え」の部分は、終止形や命令形などから考えても、「や行」で書かなければならない。したがって「へ」や「ゑ」と書くのは誤りで、「見え」と書くのが正しい、というふうに、五十音の図に従った「行」という考え方が現れてくる。

定家の『僻案』にしても、行阿の『仮名文字遣』にしてもそうなのだが、体言の仮名の使い方だけが対象であった時代から比べると、一歩発展したのである。

そして、こうした考えは定家仮名遣いの否定とつながっていく。

江戸時代に至ると、定家や行阿を否定的に見る流れは、さらに仮名遣いの本質を探ろうという姿勢を生み出していった。

俗事を嫌って山里に籠《こ》もり、『万葉集』や『源氏物語』の研究をした江戸前期の国学者、契沖《けいちゅう》（一六四〇〜一七〇一）の『和字正濫鈔《しょうらんしょう》』は、こうした立場で動詞や形容詞の活用なども含めて古典の仮名遣いを研究したものである。

そしてこの後に続く賀茂真淵《かものまぶち》（一六九七〜一七六九）、さらには次章で詳しく述べる本《もと》居宣長《おりのりなが》（一七三〇〜一八〇一）によってより詳細な日本語の研究が進んで行った。

第十章　さすが、宣長！

五十音図の横の列

今日、我々が習うものと同じ五十音図が作られたのは、江戸時代であることはすでに述べた。

ただ、母音の〈アイウエオ〉は、サンスクリット語の母音の順番を下敷きにしたもので、すでに平安時代後期の明覚の『反音作法』などが作られた時代から変わっていない。

サンスクリット語の母音は「ア、アー、イ、イー、ウ、ウー、ジ（リ）、ジ（リ）ー、リ（ジ）、リ（ジ）ー、エー、アイ、オ、アウ」の順番に並べられる。しかし、日本語の場合は長音の母音というのは必要がない。また「ジ」は舌を口蓋にベタリとくっつけて発音するものであるが、こうした発音は日本語には存在しない。そして「アイ」「アウ」といった二重母音も日本語にはない。

「アカサタナハマヤラワ」という横の列を見てみよう。これは、すでに触れたように、明覚の『反音作法』では「アカヤサタナラハマワ」の順で並んでいる。

サンスクリット語の子音は、あえてカタカナで書けば、「カ・カㇵ・ガ・ガㇵ・グ・ク・チャ・ジェ・ジェㇵ゙・ジ・トゥ・トゥㇷ・ド・ドㇷ・ノン・タ・タㇵ・ダㇵ゙・ノ・プ・プㇵ・ブ・ブㇵ・マ・ヤ・ラ（r）・ラ（l）・ヴェ・ズ・シュ・シュㇵ・ㇵ゙」の順番である。

母音と同じように、日本語には存在しない子音を除くと、「カクタノマヤラㇵ゙」となる。しかし、この子音はあまりにも日本語の発音とは違いすぎている。どれだけ中国語を勉強して日本語より複雑な発音に習熟した人であったとしても、中国語にさえない発音がサンスクリット語にはたくさんありすぎる。

明覚の「アカヤサタノラハマワ」は、しかし、勝手に並べたものではない。悉曇学における言語学の方法「三内《さんない》」によって並べられたのである。

「三内」とはつまり、発音の際の調音の位置をあらわすもので「カヤ」を喉音、「サタ」を歯音、「ナラ」を舌音、そして「ハマワ」を唇音として分類するものである（前述の通り、「ハ行」は現在では喉の奥で調音されるが、江戸時代までは「ハ」は上下の唇を合わせて「ファ」と発音されていた）。

しかし、一六八二（天和二）年に出版された浄厳の『悉曇三密鈔』には現代の五十音図と同じ「アカサタナハマヤラワ」の順になった図が載せられ、それぞれ「カ」行は「喉」、「サタナ」の行は「歯」、「ハマ」行が「唇」、「ヤ」行が「喉舌」、「ラ」行は「舌」、「ワ」行が「喉唇」と並べられている。

つまり、「三内」で分類されていた発音の位置をより的確に分類し、これを整理することに成功したのである。

ただ、この順番は、「いろは歌」のように、入れ替わると意味が変わるというような絶対的なものではない。もし、当時著名な国学者や儒学者などが、順序に意味を与えるなどして他の並び方を定着させることに成功していたら、もしかしたら、我々は、今とは違った五十音図を学んでいたかもしれないのである。

「ヰ、ヲ、ヱ」はどこに

五十音図の横の列「アカサタナハマヤラワ」の並びは、江戸時代中期までにはほぼこのような形に整っている。しかし、現在のような図になるためにはまだ微調整がされなくてはならなかった。それは、「オ」と「ヲ」をア行とワ行のどこへ置けばいいのか、また「エ」と「ヱ」、「イ」と「ヰ」をア行、ヤ行、ワ行のどこに置くのが正しいのかという問題が残っていたからである。

この問題を解決したのは、江戸時代の国学者富士谷成章《ふじたになりあきら》（一七三八〜一七七九）と本居宣長である。

おもしろいことに、彼らは別々の方法によって、ほとんど同時期にこの問題にピリオドを打っている。

彼らの解決策を述べるまえに、どうしてこうしたことが問題となったのかを記しておこう。

この錯乱の最も大きな原因は、もとより発音の変化による。世界のほとんどの言語を見ても、「オ」と「ヲ」という二つの音はまったく違ったものとして存在している。

たとえば、英語の場合、「water（水）」の「ヲ」の発音を「オ」で置き換えてしまえば「otter（カワウソ）」になってしまう。中国語でも「ｗｏ」と聞けば人は「渦」と理解するだろうが、この「ｗ」がなければ「ｏ」となって「哦（「おやおや」）」という感嘆詞と聞いてしまう。

日本語も、奈良時代から室町時代頃までは、この「ヲ」と「オ」を間違えれば異なった単語になるものが多く存在した。「をり」と言えば「折り」あるいは「居り」、「おり」と言えば「下り（降り）」あるいは「織り」で、これらを混同すれば首を傾げる人もあったかと思われる。

しかし、日本語の「を」と「お」は、助詞の「を」を除いて、発音の違いが次第に必要でなくなってしまう。その傾向は、すでに平安時代、『源氏物語』が書かれる頃には起こっていたか、起こる可能性があることが分かっていたのかもしれない。だからこそ「いろは歌」では「色は匂へど　散りぬるを」と、助詞として使われている。

さて、「ヲ」は助詞として残ったが、「イ」と「ヰ」、「エ」と「ヱ」は、助詞などの機能を果たすための言葉がなく、また必ずしも「ヰ」「ヱ」で残さなければ他の言葉と混同して意味が分からなくなってしまうほどでもなかった。つまり、「ヰ」は「イ」に、「ヱ」は「エ」に吸収されてしまう以前の過渡期に存在した音であったといえる。

しかし、母音の五音が縦に並び、横には「カサタナハマヤラワ」となっているとすれば、言語のシステムとしてこれをどこかに埋める必要がある。

「ヲ」は母音なのか、それとも子音「w」と「o」の組み合わせで成っているものと考えるべきか……。どちらが「wo」でどちらが「o」をあらわす文字であるかも、はっきりはしなかった。定家の仮名遣いに従えば、これはただ、アクセントの違いのようにしか記されていないのである。アクセントの違いと音韻の違いは、まったく別物として考えなければならない……。

「エ」と「ヱ」、「イ」と「ヰ」についても同じことが言える。古書を調べればそれが解決するかといえば、そんなことはない。これらの音の混同が起こったのはかなり古く、この音韻の差がよく分からなくなってしまってからも、まだ「ヱ」や「ヰ」を使って書かれているものがたくさんある。

どこまでが音韻的差異があった時代に書かれた書物なのか、どこからがそれがなくなってから書かれたものなのかを区別することもできなかったのである。

国語学史上の一大発見

この混同を解決したのは、本居宣長である。

彼はまず、それまでの学者が、写本に書かれている言葉に誤魔化されてしまっていたのではないかという問題を提起する。

本来、言葉とは話されることが先にあって、それが書かれたのだという本質に立ち返るのだ。

書かれた言葉は、はたして本当に話された通りに書かれたものだろうか。もしそうであるとしたら問題はない。だが、ただそう書くことになっているという慣例に従っただけという理由だとしたら、書かれた言葉は話される音をあらわしてはいないし、してみればこうした書き言葉だけによっては、古代の日本語の音を抽出することはできない。

一七七五（安永四）年に著した『字音仮字用格《かなづかい》』という本で、宣長は五十音図の「を」

と「お」の混同を見事に解決する。

それによれば、たとえば「息（いき）」と読む言葉を万葉集では「於伎（おき）」と書き、「居（ゐ）る」を「乎流（をる）」と書き、また「多和夜女（たわやめ）」を「多乎夜女（たをやめ）」、「多和和（たわわ）」を「登乎乎（とをを）」などと書いてあることから、「い」と「お」は同じア行に置くべきであり、「ゐ」「を」はワ行に置くべきであるという。

これは地名を調べても同じことが言える。「愛宕（あたご）」は「於多岐（おたぎ）」と書かれる。尾張の「愛智」は「阿伊知（あいち）」、相模の愛甲は「阿由加波（あゆかは）」、近江の「愛智」は「衣知（えち）」とあるが、この「愛」は「あ」「え」「お」というふうにア行の音で書かれるものである。

また、「面（おも）」を「も」、「石（いし）」を「し」、「生（おふ）」を「ふ」、「馬（うま）」を「ま」、「穴（あな）」を「な」と、古語ではしばしば語頭の「あ、い、う、お」の音は省略されることがあるが、こうしたことはワ行の音では決して起こらない。

さらに字余りの句を読む場合、句の調子がさほど読みにくく感じられないのは、ア行

の音の場合に限ること。たとえば源信明《さねあきら》の、

ほのぼのと〈あ〉りあけの月の　月影に　紅葉吹き〈お〉ろす山〈お〉ろしの風

（新古今和歌集、五九一番）

の「あ」「お」のようなものが、それである。

そして、最後に日本語の表記のなかで長音をあらわす時には必ず〈アイウエオ〉と書いてワ行の音を使わないこと。

「を」と「お」の区別を論じたこの宣長の説は、著名な国語学者山田孝雄《よしお》によれば、「国語学史上の一大発見」とさえ言われている。

この後、村田春海《はるみ》が『五十音弁誤』を、東条義門が『於乎軽重義《おをきょうちょうぎ》』を著して宣長の説を補訂することによって、五十音図は、現在我々が習うような形に整えられるのである。

現代の方法と変わらずに

さすが、宣長！　というべきであろう。

宣長は二十二歳で京都に修行に出て朱子学者の堀景山に師事し、この時に漢学や国学に対する興味を持つとともに王朝文化へのあこがれを強めたという。

二十七歳の時に『先代旧事本紀《くじほんぎ》』と『古事記』を古書店で購入し、また賀茂真淵の書に出会う。本格的に国学の研究に入ったのは、一七六三（宝暦十三）年五月二十五日、真淵が伊勢参りの帰りに松坂に立ち寄った際、『古事記』の注釈について指導を頼んだ時だと、彼は自身の随筆『玉勝間《たまかつま》』に記している。

これが一生に一度の真淵との面会であった。いわゆる「松坂の一夜」である。宣長はこの真淵との際会によって『古事記』の研究に邁進する。三十五年の年月をかけて作られた『古事記伝』を今でも我々は読むことができるが、オリジナルは一七九〇（寛政二）年から宣長没後の一八二二（文政五）年までという、三十二年の歳月をかけて刊行された。

彼の研究の方法は、現在の古典研究の方法とほとんど変わりがない。

それは、可能なかぎり『古事記』の伝本を集め、それを校合《きょうごう》して、中から最も信頼すべき本を底本として選び、諸本を参照しながら本文を訂正して行くという方法である。そして、どのように読むべきか、どのように解釈すべきか、同時期に書かれた本を参照して考証を加えて行く。

一字の考証にさえ何ヶ月、何年という歳月がかかることもあろう。最後まで行ったと思っても、読み返してみれば、若い時にやった部分がまだ考証不足だったということもある。

本文がなぜ正しく書き写されなかったのか、どう読めば正しく解読できるのかを知るには、仮説を立てながらひたすらに本とにらめっこするしかない。

三十五年間に及ぶ彼のこうした作業の結果が『古事記伝』である。

そしてその間に、彼はもうひとつの仕事をしている。源氏物語の注釈書『源氏物語玉の小櫛《おぐし》』である。方法は『古事記伝』と同じである。

この二つの書物、すなわち『古事記』と『源氏物語』によって、彼は日本の精神史の核を掘り起こす。

彼が焦点を当てたのは、常に「我々日本人はどこから来たのか。どこにその源を求めることができるのか」ということであった。

こうして彼が見つけだしたものが、「もののあはれ」というものであった。

復古神道

「言葉」は記号である。言葉を研究すれば、日本という古代から連なる精神をも見通すことができるのではないかと、宣長は考えたに違いない。

言葉しか遠い昔に書かれたものの実体を指し示すものはない。

宣長の弟子の石塚龍麿が、「上代特殊仮名遣い」と後に橋本進吉によって命名されることになる万葉仮名における日本語の書き分けを見つけ出したのも、同じ考えからであったろう。

しかし、言葉を追えば追うほど、見えないものが存在していることにも気づく。「あはれ」とは何であろうか、そしてそれを感じる「こころ」はどこにあるのかと、宣長は追求する。

すべてのものに心がある……。動物や虫はもちろん、草木や石にだって心がある。

『古今和歌集』の「君が代」のもとになった歌にある、コケ生《む》して大きくなる石について、中国からもたらされた伝説という出典を調べることは有用であろうけれども、ただそれだけでは何も分かったことにはなるまい。すべてが心を持ったものとして存在するということを知ることこそが、彼には最も必要なことであった。

中国からの影響を受けて作られた国であったとしても、その心は残っている。その心はどのように伝えられて来たのだろうか。

『古事記伝』のなかで宣長は「鳥獣草木、海山などの類、何にまれ尋常ならずすぐれたる徳のありて可畏《かしこ》き物を迦微《かみ》とは言ふなり」という。

神道とは自然と人間と神がたがいに深くつながっていることだと彼は考えていた。これが後に「復古神道」と呼ばれ、明治維新以降の国家神道へとつながることになるのである。

終　章　素晴らしい日本語の世界

消えた「いろは引き」

外国語を少なくとも二つ必修で履修することが課されていた文化系の大学生は、一昔前まではよく重い辞書を抱えて歩いていた。

しかし、今は、電子辞書の時代である。女子学生のハンドバッグにだって入るほどのコンパクトな機械には、日本語、英語はもちろん、フランス語や中国語、ロシア語、イタリア語などの辞書もついて、さらに同時に何種類かの辞書が引けるものもある。

電子辞書の便利な点は、ただそれがコンパクトであるというだけではない。ページを繰る必要がないということが最大の利点である。紙の辞書の場合は、ページを捲《めく》りながら「ＡＢＣＤＥＦＧ……」などと小声で歌わなければならなかった。それが電子辞書では、目指す単語の綴りをキーボードで入力するだけ。誤った綴りを入力すれば、目的の単語が現れないか、「該当する単語がありません」という表示を一瞬で出してくれる。とにかく調べたい言葉は、指でポンポンと押すだけで自動的に画面に現れ、意味を調べることができる。

英語の辞書を片手に「ＡＢＣＤＥＦＧ……」と歌っていたと同じく、意識するか否かは別としても、我々は日本語の辞書を引く時には「あかさたな、はまやらわ」と、反復していたように思う。

〈アイウエオ〉を小学校入学とともに頭にたたき込まれたのは、文章が読めるようになるということと同時に、分からない言葉を国語辞典で引けるようになるための勉強でもあった。

我が国で最も普及している岩波書店『広辞苑』や三省堂『大辞林』、あるいは我が国最高峰と言われる小学館『日本国語大辞典』はもちろん、普通に市販されている国語辞典で、言葉が五十音配列に並べられていないものはない。

日本語の辞書が本格的に五十音配列になったのは、一八八九〜一八九一（明治二十二〜二十四）年、大槻文彦（一八四七〜一九二八）によって『言海』が作られてからであった。

大槻は、一八八一（明治十四）年、文部省内に置かれた日本語辞書編纂局に勤める文部一等属という役職を得た国語学者である。

それまでも辞書のなかには、五十音順に並べられているものがなかったわけではない。ただ、それらは仏教学など非常に専門的なものに限られ、一般に使えるようなものではなかった。

一般に使われていた辞書は、百科事典式に「天地門」「時節門」「神祇門」「人倫門」「官位門」など部門ごとに分けられ、その中にランダムに言葉が置かれている『下学集』、あるいは「いろは順」に語彙がならべられている『節用集』という室町期に作られた辞書であった。

語彙が少なければ、こうした百科事典式でもさほど不便は感じなかったかもしれない。しかし、言葉をある規則によって並べていなければ、語彙が増える分だけ、目指す言葉を探し当てるための時間がかかってしまう。そのことだけが問題であれば、「いろは引き」でも構わないと言えるだろう。実際、『言海』が出版された時、福澤諭吉は「風呂屋の下足箱でさえいろは順にならんでいるのに、なぜ言葉をあいうえお順なんかに並べるのだ。不便でしようがない」(大意)というコメントを残している。

しかし、『言海』出版から百二十年、今日、「いろは引き」の辞書はない。もし誰かが「いろは引き」で辞書を作ったとしたら、福澤と同様のことを人は言うであろう。

——引きにくくってしようがない!

利便性が、辞書の命であることは言うまでもない。

では、なぜ、大槻文彦は『言海』を「あいうえお順」で作ったのだろうか。

そして、なぜ、我々は〈いろは〉を不便と思うほど、忘れてしまったのであろうか。

平安から江戸までの長い年月、日本人が親しんだ「いろは歌」は、我々の生活のなかでもう見かけなくなってしまっているのである。

大槻文彦の自負

大槻文彦が生涯をかけて編纂した我が国最初の近代的日本語辞典『言海』は、第一冊目（「あ」〜「お」）が一八八九（明治二十二）年五月十五日に、第二冊目（「か」〜「さ」）が同年十月三十一日に、第三冊目（「し」〜「ち」）が翌年五月三十一日、そして最後の四冊目（「つ」以下）が一八九一年四月二十二日に出版された。

彼がこの辞書の編纂を思いついてから十七年をかけた情熱と苦労については、すでに高田宏氏による名著『言葉の海へ』に詳しく紹介されている。

同書によれば、『言海』が出版される直前、一八八五年九月に近藤真琴《まこと》が『ことばのその』を、一八八八年七月に物集高見《もずめたかみ》が『ことばのはやし』を、一八八八年と八九年に高橋五郎が『いろは辞典』を出版するという状況で、大槻はひとり取り残された思いを感じながらも、自分にしかできない日本語辞書編纂に対する考察と工夫に揺るぎない自負を胸に抱いていたという。

その自信は、日本語の辞書のあるべき原則を高らかに謳う『言海』の序文にもみなぎっている。

辞書には、必ず「発音」「名詞、動詞、形容詞などの品詞の別」「語源」「語釈」「出典」がなければならない。

平安時代以来これまでの我が国の辞書は、漢和、もしくは和漢対訳の辞書であって、純粋な意味での日本語の辞書ではなかった。日本語辞書は、日本語を日本語で解釈する辞書でなければならない。

そしてなによりも辞書は、文法の規定によって作られるものでなければならない。彼のなかでは、辞書と文法は決して別々に考えられるべきものではなかったのである。この点が、『言海』に先駆けて作られた数種類の辞書とは明らかに違っている。それこそが大槻の自負する点だったのである。

『言海』の第三冊目が出てから半年後の一八九〇年十一月、大槻はこうした文法上の原則を『語法指南』という書名で出版している。これは我が国で初めての近代的文法書である。奥書につけられた「添え書き」によれば、この書は本来、『言海』全四巻が発行されて後に附録として出版される予定になっていたという。しかし学校で日本語の文法を教えるための教科書が必要であることが読者から寄せられ、その求めに応じて冊子として販売された。一八九一年に出版された『言海』第四冊の巻頭にはこれが附されている。

文法を無視して、ただ語釈を施すだけでは、「辞書」ではないというのは、彼の祖父、蘭方医大槻玄沢《げんたく》の影響であった。ちなみに、玄沢は、『解体新書』で知られる杉田玄白の弟子であり、蘭学《らんがく》の入門書『蘭学階梯《かいてい》』も著している。

オランダ語を理解するためには、品詞、動詞の変化、時制などを知る必要がある。こうしたことを子供の頃から勉強させられた大槻文彦には、正確に文章を理解するためにいかに文法というものが重要であるかが身にしみていたのであろう。

『語法指南』は、巻頭に〈ひらがな〉と〈カタカナ〉で五十音を示し、「お」と「を」、「い」と「ゐ」、「え」と「ゑ」の発音がそれぞれ口内の調音の場所が違うこと、また、濁音、半濁音の別があることを丁寧に示している。

そして、名詞に普通名詞と固有名詞があることを述べた後に、動詞の変化を分類して、すべての動詞が「う」段で終止形となること、そして「う」段を中心に四段、上一段、上二段、下一段、下二段に活用することが五十音図においてよく観察できるという。

これは、本居宣長によってある程度は説明されていたことであるが、大槻のこの書物が非常に近代的な方法でより明らかにしたことであった。
五十音図はここへ来て、日本語の動詞の変化を理解するためになくてはならないシステム、不可欠の道具であることが確認されることになったのである。

新しい精神

こうして、大槻は「五十音図」が日本語の文法上非常に有効であることを力説するのであるが、福澤諭吉から「不便でしようがない」と言われた『言海』での語彙の並びについて、大槻は「本書編纂ノ大意」のなかで次のように述べている。

語彙を字母の順番に並べて引きやすくするために、西洋には二十余のアルファベットがある。これは暗記するのも容易《たやす》い。だが、我が国の〈いろは〉は五十弱。語彙をこの順番にならべると、急いで辞書を引くときには、何度「いろはにほへと……」と頭のなかで反復しても、非常に時間がかかるし、わかりにくい。これは自分が『言海』を作っているときに苦労した経験から言うことである。

ところが「あいうえお順」であればどうか。これなら全部を唱えなくても、「あかさたな、はまやらわ」の行の順番さえ知っていれば、段の部分はすんなりと目に入ってくる。（大意）

つまり、大槻は自らの経験から、「あいうえお順」の日本語辞書を作ったのである。

これで福澤を十分に納得させることはできなかったかもしれない。もし日本語に〈いろは〉しか言葉の並び方がなかったとしたら……。人はこれに慣れ、これで語彙を検索することに対して別段不便を感じたりはしなかっただろう。げんに、江戸時代末期から明治初期にかけての国学者井上頼圀《よりくに》などが作った語彙索引の類《たぐい》はそのほとんどが「いろは順」になっていて、かなり大部のものもある。もし、これが不便であるとしたら、井上もすぐさま「あいうえお順」の索引を作ったに違いない。

しかし、便不便とは別に、大槻の心底には言葉には表せない、大きな日本語の歴史の重みと、そして明治という近代国家を創成していく新しい精神が流れていたのではないかと考えるのである。

情緒よりシステムの構築

一八六八（明治元）年の明治維新は、江戸時代までの幕藩体制を一新し、日本を近代国家として出発させるための基点である。前年の大政奉還、維新翌年の版籍奉還、その二年後の廃藩置県によって、国家の統治権は天皇が総攬《そうらん》し、国家が藩を媒介することなしに直接に立法、行政、司法の統治権を行使する体制を整えていくことになる。

こうした動きのなかで最も注目すべきは、慶応四年三月十四日（新暦一八六八年四月六日）に布告された「五箇条の御誓文」であろう。

この「五箇条の御誓文」の公布は、京都御所の正殿である紫宸殿《ししんでん》で「天神地祇御誓祭《てんしんちぎごせいさい》」という形で行われ、天皇の勅命によって有栖川宮幟仁《たかひと》親王が正本を揮毫《きごう》し、太政官日誌に掲載されて一般に公告された。

有栖川宮幟仁親王が揮毫した「五箇条の御誓文」の漢字の書き方は、奈良時代に書かれた正倉院にある、中国六朝風の書体で書かれた写経文書にそっくりである。それに、小さなカタカナで送りがながつけられている。送り仮名がカタカナで書かれているというのは、本文が漢文で書かれているというのが理由であろう。書き方としては奈良時代の宣命の形に倣ったものである。

奈良時代の正倉院文書と酷似した文字で書かれた天皇の勅命は、本書のはじめに書いた我が国の国家の曙との比較からしても、明治維新が国家としての日本の確立を目指す意気という点で、同質の精神にあったのではないだろうか。

〈いろは〉は情緒の世界のものである。これに対し、〈アイウエオ〉という〈カタカナ〉は、大槻文彦が日本語の文法を説明するのに的確だと認識したものであり、また役人が漢文体を使って公式文書を書く時に使われるような、システムの世界を構築するものである。

明治という時代は、情緒よりシステムの構築を必要とした時代であった。

大槻が『言海』に用いた「あいうえお順」の配列は、こうした明治の風を受けることによって得た、システムとしての日本語という認識ではなかったかと考えるのである。

「あ」から始まり「ん」で終わる

すでに述べたように、大槻文彦が『言海』で語彙の検索に便利であるとして採用した〈アイウエオ〉は、インド・ヨーロッパ語族のなかでも最も古く、システマティックなインドのサンスクリット語に由来する。

サンスクリット語は、仏教経典とともに中国に及び、遣唐使船に乗って真言宗の開祖、空海とともに我が国にやって来た。その後、安然を経て、加賀にあった明覚によって『反音作法』が書かれ、サンスクリット語、中国語のみならず、日本語の発音を理解するための重要なカギとして、江戸時代の本居宣長に至る国語研究に寄与した。そして〈アイウエオ〉は、大槻文彦の『言海』の配列に採用され、さらには一九〇四（明治三十七）年に文部省が発行した教科書編纂趣意書に書かれているように、日本人が初めに習うべきものへと成長した。

話は飛ぶようだが、お寺に行くと、仁王様と呼んで親しまれる怖い顔をした彫像が山門の入口に立っている。ふつう、右の仁王は怒りの表情を顕《あら》わにし、左側は怒りを内に秘めた表情を表わしているという。仁王様と呼ばれるが、これは仏教の守護神である

「金剛力士」、彼が生まれたインドのサンスクリット語では「Vajradhara（ヴァザラダーラ）」というのが正式の名前である。

怒りを表面にメラメラと表して口を開けている方を「阿形像《あぎょう》」、口を「へ」の字にして内面に怒りを秘めている方を「吽形像《うんぎょう》」と呼ぶ。二つの像は、寺院内に仏敵が入り込むのを防ぐことを目的に安置される。この門の外側は現世《うつつよ》、門を入れば仏のいる華厳、法華、浄土などと呼ばれる世を隔絶する境界にあって、邪気あるものはここを通さないということを示して怒っているのである。なるほど、寺院が結界された世界であるとすれば、その場所は聖域として、我々が生活をする穢《けが》れたところとは区別されるだろう。

しかし、二体の仁王様が「阿形」と「吽形」と呼ばれることには別の解釈がある。「阿」という漢字はサンスクリット語の「a」で、これは宇宙のすべてを生じる「種」を象徴する。また、そして「a（阿）」と同じように、「吽」という字は「n」という音を漢字で記したもので、これは「宇宙の終息」を意味する。

左右に安置された仁王像の真ん中を通る参拝者は、前に彼岸、後ろに此岸《しがん》、左右には始まりと終焉《しゅうえん》という場所にあって、悩み、悲しみ、楽しみ、怒り、喜びつつある「自分」を見つめるところにいるのである。

空海が長安での修行の末に我が国にもたらした真言密教では、修行に「阿字観」「吽字観」という瞑想がある。「阿字観」とは、先に触れた宇宙の元始からの宇宙の拡張を瞑想することによってそのすべての中に仏性のあることを知ることであり、それが宇宙を覆い尽くして、それぞれが終焉を遂げることを知るというのが「吽字観」である。これは宇宙と一体であるとされる大日如来の諸行を追体験して自らを宇宙と合一させる目的で行われる。仁王の門をくぐる人の感覚をより密教的にした修行であるとも言えるだろう。

空海はこうした修行に関して、『吽字義《うんじぎ》』という書物を書いている。これによれば、本来この「吽」というのはサンスクリット語で、「h」「u」「m」の音が合体したものという。そしてこれはまた、「阿」字があらわす初元の本体と同一であるとする。つまり、このような真言宗の世界観からすれば、「あ」から始まり「ん」で終わるという日本語の辞書は、宇宙の元始から始まることによって無限の存在を生じ、そしていつか収束して再び芽となって新たな世界を創成する曼荼羅《まんだら》という世界観に基づいたものだと言える。

言葉とは存在を記号に置き換えたものである。その記号としての言葉に言霊のような命があると考えるならば、真言宗における曼荼羅の世界がそのまま「あいうえお順」に並べられた辞書には表されていると言うこともできるだろう。

両輪で言語的バランスをとる

日本語は、これまで述べてきたように、〈いろは〉という情緒を支える世界と、〈アイウエオ〉というシステムを支える世界とによって培われてきた。

しかし、今や〈いろは〉はほとんど消えようとしている。和歌や俳句を作る人が少なくなったためであろうか。それは翻《ひるがえ》って言えば、日本人が日本人として感じてきた情緒を失ってしまったと言うことができるかも知れない。

あるいはまた、現代はシステムが重要な時代で、ふたたび情緒が重視されるような時代が来れば、〈いろは〉が復活することになるのだろうか。

一九七〇年代に流行したいわゆるメディア論の発端を開いたマーシャル・マクルーハ

ンの『ザ・グーテンベルク・ギャラクシー』（邦訳『グーテンベルクの銀河系』）に、このことと関わることが記されている。未開社会では、音が世界を支配する。これに対して、記述する言語世界は人を冷静な社会へと導いていくという話である。

言い換えれば、未開社会では「聞き耳を立てる」ことが危険を避けるための重要な要素であるのに対し、文明社会では「百聞は一見にしかず」が生きる上で最も大切なこととなるという意識の転換である。

なるほど、古典芸能の世界は、詞章を音のイミテーションによって保持する原始性によって成り立っている。言葉では決してあらわせない「師伝」という世界によって、能や狂言、和歌の世界は支えられている。

〈いろは〉は、あるいは、こうした世界の底に流れるものなのではないだろうか。もしそうであるとすれば、我が国にこうした古典芸能がなくならないかぎり、〈いろは〉は命を止めずにいることができるであろう。

そして、ヨーロッパ的な論理が必要な世界にあっては、ヨーロッパ系言語の中でも特にシステムとして整ったサンスクリット語をもとにする〈アイウエオ〉が我々を支えることになるに違いない。

〈いろは〉と〈アイウエオ〉の両輪によって情緒と論理の言語的バランスを取ることができるこのような仕組みの言語は、日本語以外にはないだろう。あらゆる文化を吸収して新たな世界を創成するという点で、それは曼荼羅のようなものだと言えるかもしれない。

我々はそうした素晴らしい日本語の世界に生きているのである。

あとがき

　書き足りない……。稿を終えての思いはそれに尽きる。

「祖国とは国語」というシオランの言葉はすでに本文中にも引用したが、中国語、百済や高句麗の言語、サンスクリット語、そしてヨーロッパ諸国の言語などが、東の果てに浮かぶ小さな島に伝わることによって日本語が生まれ育まれたとすれば、我々は「世界」という「祖国」に生きているとも言えよう。してみれば、より広く、深く、世界の言語を日本人がどのように受け入れ、どのように消化して来たかなどについても書かなければならなかったと思う。

　また、日本語という世界について論じるなら、室町時代の禅僧たちの口語に関して、あるいは江戸時代の漢学者、国学者の日本語研究に関して、さらに詳しく段階を追って書くべきであった。

例えば、本居宣長についても決して十分に彼の卓越した業績を述べ得てはいないし、宣長没後の門人である伴信友（一七七三〜一八四六）に関しては一言も触れていない。信友の『仮字本末《かなのもとすえ》』は、こうした日本語の歴史を書くためには必ず引くべき文献であっただろう。

しかし、との思いもある。

筆者がここで書きたかったことの淵源は、実は『仮字本末』に書かれた一文にある。その一文とは、本文中に記した『堤中納言物語』の「虫めづる姫君」の一篇に対して信友が寄せた「さて其《その》片仮字を習ふには五十音をぞ書いたりけむ。いろは歌を片仮字に書べきにあらず」である。

〈カタカナ〉と五十音図は吉備真備によって作られ、〈ひらがな〉といろは歌は空海によって作られた、と明治時代までは語られていた。言うまでもなく、いずれも伝説にすぎない。

では、なぜこんな伝説が生まれたのか。そして、日本語を習得するための基礎として、五十音図といろは歌はどうして作られたのか。また、これらの音図や歌は、単なる日本語入門のための便宜上のものに過ぎなかったのかどうか。

こうした問いには、日本語の文化の流れを読み取らなければとても答えることができない。本書では、多少なりともそれを論じることができたのではないかと思っている。

＊

本書は「〈アイウエオ〉の誕生」というタイトルから出発した。編集をして下さった柴田光滋氏が筆者との雑談の最中に思いつかれたものである。

「これで行きましょう！」という氏の一言から本書の企画は始まった。

それから一年。タイトルは最終的に「日本語の奇跡」となった。

横道に逸れ、書きすぎて止まるところを知らず、柴田氏の修正によってようやくここまでたどり着いた。書き足りないとは思いつつ、氏の編集が、〈アイウエオ〉の何たるかを、筆者に教えてくれることになった。深謝の念をここに記したい。また、畏友山本かずしげの名も特に記してこの仕事への感謝を表すものである。

＊

最後に、筆者が本書を書くに当たって参考にした書物について一言したい。恩師亀井孝が編集委員となって編まれた『日本語の歴史』全七巻別巻一冊（平凡社ライブラリー）である。日本の古典から言語学に関する参考書まで丁寧に取り上げられているこの書物は、日本語の時代的変化とその本質を問うた名著である。

師に接することは僅かであったが、「日本語」という言葉を聞くたびに、筆者の脳裏には師の研ぎ澄まされた精神と、甲高《かんだか》い声でわざと意地悪を言っておられたお茶目な姿が去来する。

師、没して十二年、恩謝の念堪えず——。

二〇〇七年十月

山口謠司

山口謠司　1963(昭和38)年長崎県生まれ。大東文化大学文学部准教授。大東文化大学文学部卒業後、ケンブリッジ大学東洋学部共同研究員などを経て、現職。著書に『漢字ル世界──食飲見聞録』など。

Ⓢ新潮新書

244

日本語《にほんご》の奇跡《きせき》

〈アイウエオ〉と〈いろは〉の発明《はつめい》

著　者　山口謠司《やまぐちようじ》

2007年12月20日　発行
2025年7月20日　10刷

発行者　佐　藤　隆　信

発行所　株式会社新潮社

〒162-8711　東京都新宿区矢来町71番地
編集部(03)3266-5430　読者係(03)3266-5111
http://www.shinchosha.co.jp

印刷所　大日本印刷株式会社
製本所　加藤製本株式会社

ISBN978-4-10-610244-8　C0281

価格はカバーに表示してあります。

新潮新書

001 明治天皇を語る ドナルド・キーン

前線兵士の苦労を想い、みずから質素な生活に甘んじる――。極東の小国に過ぎなかった日本を、欧米列強に並び立つ近代国家へと導いた大帝の素顔とは？

003 バカの壁 養老孟司

話が通じない相手との間には何があるのか。「共同体」「無意識」「脳」「身体」など多様な角度から考えると見えてくる、私たちを取り囲む「壁」とは――。

004 死ぬための教養 嵐山光三郎

死の恐怖から逃れるのに必要なのは宗教ではなく、「教養」のみである。五度も死にかけた著者による、自分の死を平穏に受け入れるための処方箋。

010 新書百冊 坪内祐三

どの一冊も若き日の思い出と重なる――。凄い新書があった。有り難い新書があった。シブい新書もあった。雑読放浪30年、今も忘れえぬ〈知の宝庫〉百冊。

011 アラブの格言 曽野綾子

神、戦争、運命、友情、貧富、そしてサダム・フセインまで――。530の格言と著者独自の視点で鮮明になる、戦乱と過酷な自然に培われた「アラブの智恵」とは。

Ⓢ新潮新書

037
法隆寺の智慧 永平寺の心
立松和平

人生の大事とは——。般若心経、法華経、さとり……。聖徳太子の精神が輝く法隆寺、道元の思想があまねく染みわたる永平寺。両寺での修行を通し、仏教の精髄に迫る。

046
至福のすし
「すきやばし次郎」の職人芸術
山本益博

主人・小野二郎のすしは宝石のように輝く。その一つ一つが小さな奇跡である——。店に通いつづけること20年、つけ台をはさんでつぶさに仕事を追い、江戸前の秘密に迫る。

055
関西赤貧古本道
山本善行

自慢じゃないが、金はない。しかし、365日古書店通い。ねらうは安い、面白い、珍しい。入口の均一台チェックから古本祭り攻略法まで、これぞ関西流儀の超絶技巧！

062
聖徳太子はいなかった
谷沢永一

すべては伝説にすぎない——。実在の根拠とされる文献や遺物のどこにどのような問題があるのか？　誰がなぜこのフィクションを必要としたのか？　禁忌の扉を開く衝撃の一冊。

070
世界中の言語を楽しく学ぶ
井上孝夫

学んだ言語は100以上——。英語万能の世に背を向けて、気ままに言葉の一人旅。違った世界が見えてくる。ロシア語もスワヒリ語も、中国語もバスク語も、それが楽しい、面白い。

新潮新書

037
法隆寺の智慧 永平寺の心
立松和平

人生の大事とは――。般若心経、法華経、さとり……。聖徳太子の精神が輝く法隆寺、道元の思想があまねく染みわたる永平寺。両寺での修行を通し、仏教の精髄に迫る。

046
至福のすし
「すきやばし次郎」の職人芸術
山本益博

主人・小野二郎のすしは宝石のように輝く。その一つ一つが小さな奇跡である――。店に通いつづけること20年、つけ台をはさんでつぶさに仕事を追い、江戸前の秘密に迫る。

055
関西赤貧古本道
山本善行

自慢じゃないが、金はない。しかし、３６５日古書店通い。ねらうは安い、面白い、珍しい。入口の均一台チェックから古本祭り攻略法まで、これぞ関西流儀の超絶技巧！

062
聖徳太子はいなかった
谷沢永一

すべては伝説にすぎない――。実在の根拠とされる文献や遺物のどこにどのような問題があるのか？　誰がなぜこのフィクションを必要としたのか？　禁忌の扉を開く衝撃の一冊。

070
世界中の言語を楽しく学ぶ
井上孝夫

学んだ言語は１００以上――。英語万能の世に背を向けて、気ままに言葉の一人旅。違った世界が見えてくる。ロシア語もスワヒリ語も、中国語もバスク語も、それが楽しい、面白い。